不確かな医学

シッダールタ・ムカジー
野中大輔 訳

The Laws of Medicine
Field Notes from
an Uncertain Science
Siddhartha Mukherjee

朝日出版社
Asahi Press

TED Books

不確実性をあれほどまで確実に捉えた
トーマス・ベイズ（1702〜1761）に

目次

本文中の引用文については可能なかぎり既存の和訳を参照し、
一部は内容に沿うよう改訳しています。―― 訳者

「魔法法関係の職に就こうとしているのかね、ミス・グレンジャー?」スクリムジョールは尋ねた。

「いいえ、違います」ハーマイオニーは言い返した。

「私は世の中の役に立つことをしたいんです!」

——J・K・ローリング

前世代の学者たちは、その時間と思考の大部分を病気の隠れた原因を探し求めることに費やした。秘められた自然の仕組みに思いを馳せることが好きで、そうした想像を理論や仮説にまとめあげた。しかしかえって彼らの試みは、真実を明らかにし有用な知識を得るという目的からどんどん離れていったのだ。

——ジョン・ロック

イントロダクション

　何年も前のことですが、私がボストンで医学生をしていた頃、外科の上級医が女性患者の手術をするのに立ち会ったことがあります。ここではその外科医をキャッスル医師と呼んでおきましょう。キャッスル医師は外科の研修医のあいだでは伝説的な存在でした。長身で、堂々としていて堅苦しい雰囲気があり、研修医たちを震え上がらせる彼は、アメリカ南部独特のゆっくりとした、鼻にかかったしゃべり方をしました。がっしりとした筋肉質な体格というよりは、しなやかで引き締まった体つきです。彼は毎朝5時に回診を始め、6時15分には地下の手術室に降りていき、夕方までずっと働き詰めでした。週末はボストン近隣のシチュエートの海で「メス」という愛称のヨットを走らせました。

研修医たちがキャッスルを尊敬したのは、技術が正確なだけでなく、指導の仕方が優れていたからです。他の外科医のほうが親切でやさしい教え方だったかもしれませんが、彼の指導のポイントは何といっても、満ち溢れた自信にありました。彼には非常に巧みな外科のテクニック——見事なまでの職人技——があったため、研修医に手術の大部分を任せました。それができるのは、研修医によくあるミスを彼が予測できていて、ミスが生じてもすぐに修正できたからです。研修医が手術中に動脈を傷つけてしまった場合、二流の医者だったら慌ててあいだに入り、自分で止血するかもしれません。キャッスルは違います。身を引いて、腕を組みながら、どうしたのかと問うような顔で見つめ、研修医が対処するまで待ちます。もし傷口を縫い合わせるのが遅すぎる場合、すかさずキャッスルの手が伸びて、ハヤブサが獲物を捕らえるかのように素早く正確に血管をつまみ、縫い合わせます。彼は「遅くてだめだ」とでも言わんばかりに首を振ります。私は6年（科によっては8年）

も手術経験がある大の大人の研修医が、人の首が横に動くだけでこんなにも落ち込むのを他に見たことがありません。

その朝の手術は、腸の下部に中ぐらいの腫瘍《しゅよう》がある50代の女性が患者でした。いつも通り6時15分に手術を始める予定でしたが、担当だった研修医から病欠の電話があったため、別の研修医が急遽《きゅうきょ》病棟から呼び出されました。彼はすぐに手術室に駆けつけ、医療用手袋をギュッとはめました。キャッスルはCTスキャンの画像につかつかと近づき、しばらく黙って画像を見つめてから、ほんのわずかに顔を傾けます。切開開始の合図です。キャッスルが右手を差し出し、看護師がメスを手渡す瞬間には、神々しさがありました。手術は問題なく始まります。

30分経っても手術は何の支障もなく行なわれていました。手術中に大音量で音楽を流すのが好きな外科医もいますが（よく選ばれるのはロックかクラシックのブラームスです）、キャッスルは静寂を好みました。研修医は手際良く順調に手術を進めます。キャッスルが出した唯一の指示は、腹部の中が十分見えるまで切開部を広げること。「自分がどこを切っているか言えないような箇所は、切れない」と彼は言いました。

しかし、事態は急変します。腫瘍を摘出しようと研修医が手を伸ばすと、周りの血管から出血したのです。はじめは細々と、次第に噴き出てきて、数分後には手術部位に小さじ1杯分の血が流れ込み、患部が見えにくくなりました。露わになっていた腫瘍は、血の海に沈んでしまいました。すぐそばに立っているキャッスルは、腕を組みながら見ています。

研修医は明らかに慌てています。眉に溜まった汗が、彼の眼前にある血の海を反射しているのがわかりました。「この患者に出血傾向があるかどうかわかりますか?」と聞く彼は、さらに追い詰められていきます。「患者は抗凝固薬を使っていましたか?」普段なら、前の晩にカルテを読んで答えを全部知っていたでしょう。しかし、今回は急に決まった手術です。

「わからないときはどうするんだ？」とキャッスルが返します。「私がわからないと答えたら、どうする？」と言う彼の手はすでに患者の腹部に伸びており、血管を縫い合わせていました。患者は無事でしたが、研修医は憔悴《しょうすい》しているようです。

しかしそのとき、キャッスルと研修医のあいだに、稲妻のように瞬時に情報伝達が起こったように感じました。研修医は手術のやり方を変えます。彼は患者を覆った外科用ドレープの先にいる麻酔医のところに行き、麻酔が十分に効いていること、患者は鎮静状態にあって安全なことを確認します。それから手術台に戻り、患部に残った血をガーゼでぬぐい、血管の周りで切れるところを切っていきました。バブコック鉗子《かんし》で血管の位置を確かめたり、指で血管を選り分けたりしながら切り進めます――まるでストラディバリウスのバイオリンの弦を拭くかのように非常に繊細な指使いで。血管にメスが近づくたびに、刃のついていないほうに向きを変えて手で腫瘍を剥離するか、さらに切開部を広げて血管が傷つかないようにしました。手術は長時間に及びましたが、もう出血はありませんでした。1時間後、研修医は切開部を閉じ、キャッスルはそれでいいと言うようにうなずきました。腫瘍は摘出されたのでした。

私たちは無言で手術室を後にしました。「患者のカルテを確認しに行ったほうがいいだろうな」と言うキャッスルの声——鼻にかかったあの特徴的な声——にはどこかやさしさがありました。「完全な情報をもとに完璧な判断を下すのは簡単だ。医学では、不完全な情報で完璧な判断を下すことが求められるんだ」

この本のテーマは、情報、不完全さ、不確かさ、そして医学の未来です。1995年の秋に医学部に入学したとき、カリキュラムは医学に必要なものを完全に備えているように思えました。私はそのカリキュラムに沿って、細胞生物学、解剖学、生理学、病理学、薬理学を学びました。4年間の勉強が終わる頃には、顔面神経の5枝も、細胞内でタンパク質を代謝する化学反応も、自分でもあるとわからないような体内の部位も言えるようになっていて、医師として現場で働く準備はできていると思っていました。

しかし、研修医、腫瘍学の専門研修医、そしてがん患者を治療する常勤医と、医師としての訓練を積むにつれて、私の受けてきた医学教育には大事な部分が欠けていたことに気づきました。たしかに細胞生物学の原理を学んだことで、なぜ血小板輸血が多くの患者で2週間しかもたないのかが理解できました（血小板の寿命は約2週間です）。解剖学を勉強していなければ、手術後に患者の下半身が麻痺《まひ》してしまった理由がわからなかったでしょう（まれに脊髄の下部に血液を送る動脈が血栓で塞がり、その結果生じるのが脳卒中ならぬ「脊髄卒中」です）。薬理学で習った数式のおかげで、なぜある抗生物質は1日4回投与するのに、それに近い分子構造を持つ化学物質は1日1回しか投与しないのか思い出すことができました（2つの化学物質は体内で分解される速度が異なります）。

ただ、このような情報は本を見ればわかるし、ネットで簡単に検索できるものだと気づくのに時間はかかりませんでした。足りない情報は、情報を使って何をするのかということです。特にデータが不完全だったり、不十分だったり、不確かだったりするときはなおさらです。47歳の急性白血病の女性の健康状態が急激に悪化している場合、積極的に骨髄移植を行なうのは適切でしょうか。一見すると、答えは教科書やこれまでに報告された臨床試験にあるように思えます。この例では、健康状態の悪化や身体機能の低下がある患者には臓器移植をすべきでないというのが定説です。しかしこの「答え」が、まさにこの女性に、この病歴に、この特定の状況に当てはまらなかったらどうでしょう？　もし白血病自体が健康の衰えの原因だとしたら？　その女性に今後の見通しを聞かれたら、臨床試験で得られた生存率をそのまま言うことは可能でしょう。でも、彼女が一般的な傾向に沿わない場合は？

医学教育を受けて多くの事実を教わりましたが、事実と事実の隙間に埋もれた行間について教わることはほとんどありませんでした。私は、視覚生理学の学位を取ることとならできたでしょう。しかし、重度の肺疾患の男性が在宅酸素療法を行なうことになった際、恥ずかしさのあまり嘘の住所を伝えてくるのを見抜くなんてことはできませんでした。そう、彼には「自宅」がなかったのです（翌朝、酸素ボンベを扱う会社から抗議の電話が来ました。ボンベを3つ送ってしまったよ、ボストンの自動車部品店に、と）。

私は、医学がこんなにも法則のない、不確かな世界だとは思ってもみませんでした。小帯、耳炎、糖分解などと、まるで取りつかれたように身体部位や病気や化学反応に名前を付けていったのは、自分たちの知識の大部分は本当は知りえないものなのだという事実から身を守るために、医者が生み出した仕組みなのではないかと勘ぐるほどです。こうしたおびただしい数の情報によって、より本質的な問題が隠れてしまっています。それは、情報知（確実で、安定していて、完全で、具体的なもの）と臨床知（不確実で、不安定で、不完全で、抽象的なもの）の融合です。

この2つの領域にある知を融合するための道具立てを見つけられないか――そうした模索が本書のきっかけです。この本の中で「医学の法則」と呼んでいるものは、実際には不確かさ、不正確さ、不十分さにまつわる法則です。このような「不」の力が働く知の分野なら、何にでも当てはまります。それは不完全性の法則なのです。

本書で紹介するのは、実在する人物の実際の症例ですが、名前や職業は変えてありますし、背景や診断についてもいくらか変更を加えています。登場人物の会話は録音して正確に書き起こしたわけではなく、記憶をもとに再構成しました。患者や医者のプライバシーを守るため、ある程度その場の状況や検査、臨床試験についても改めています。

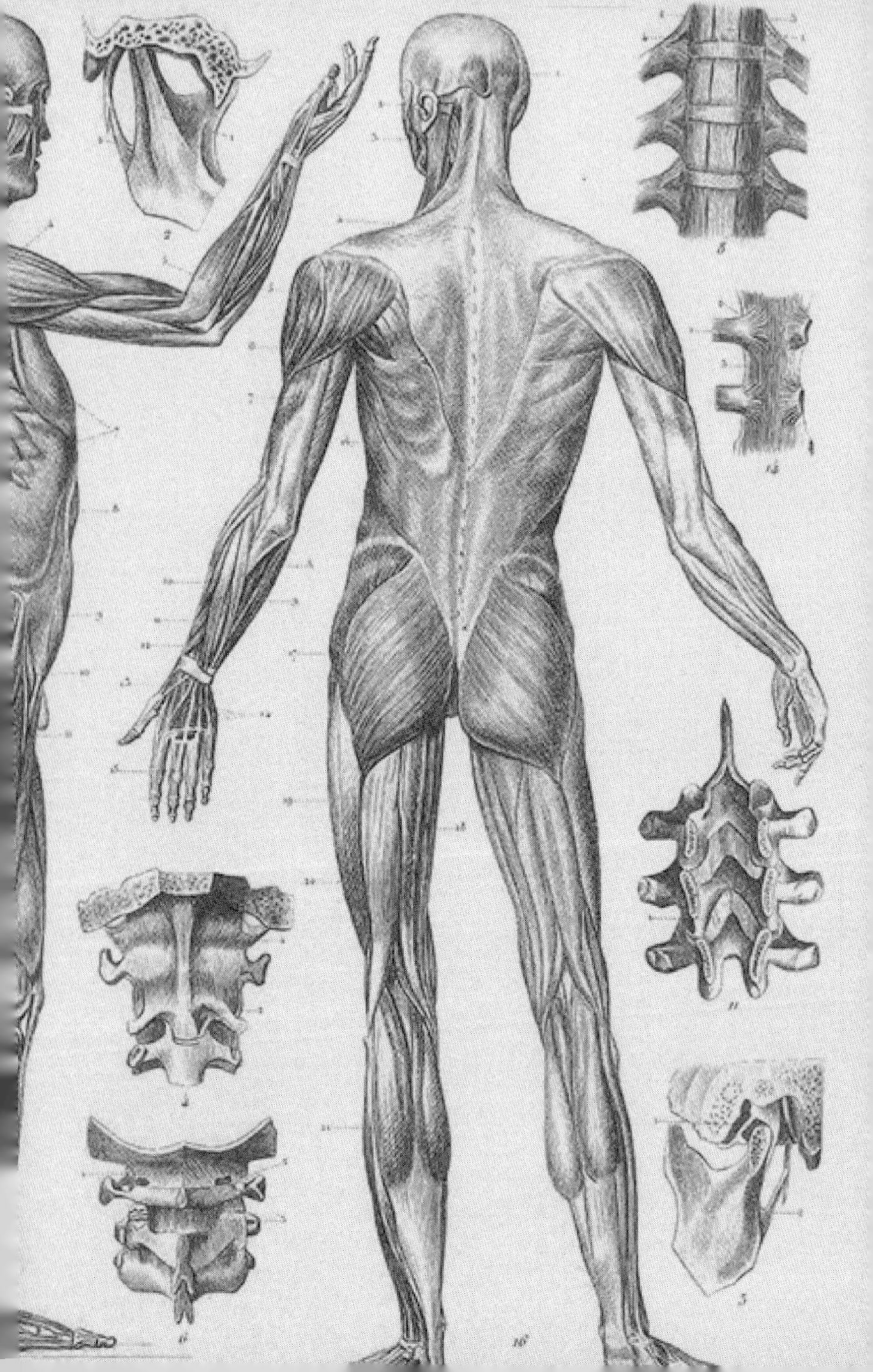

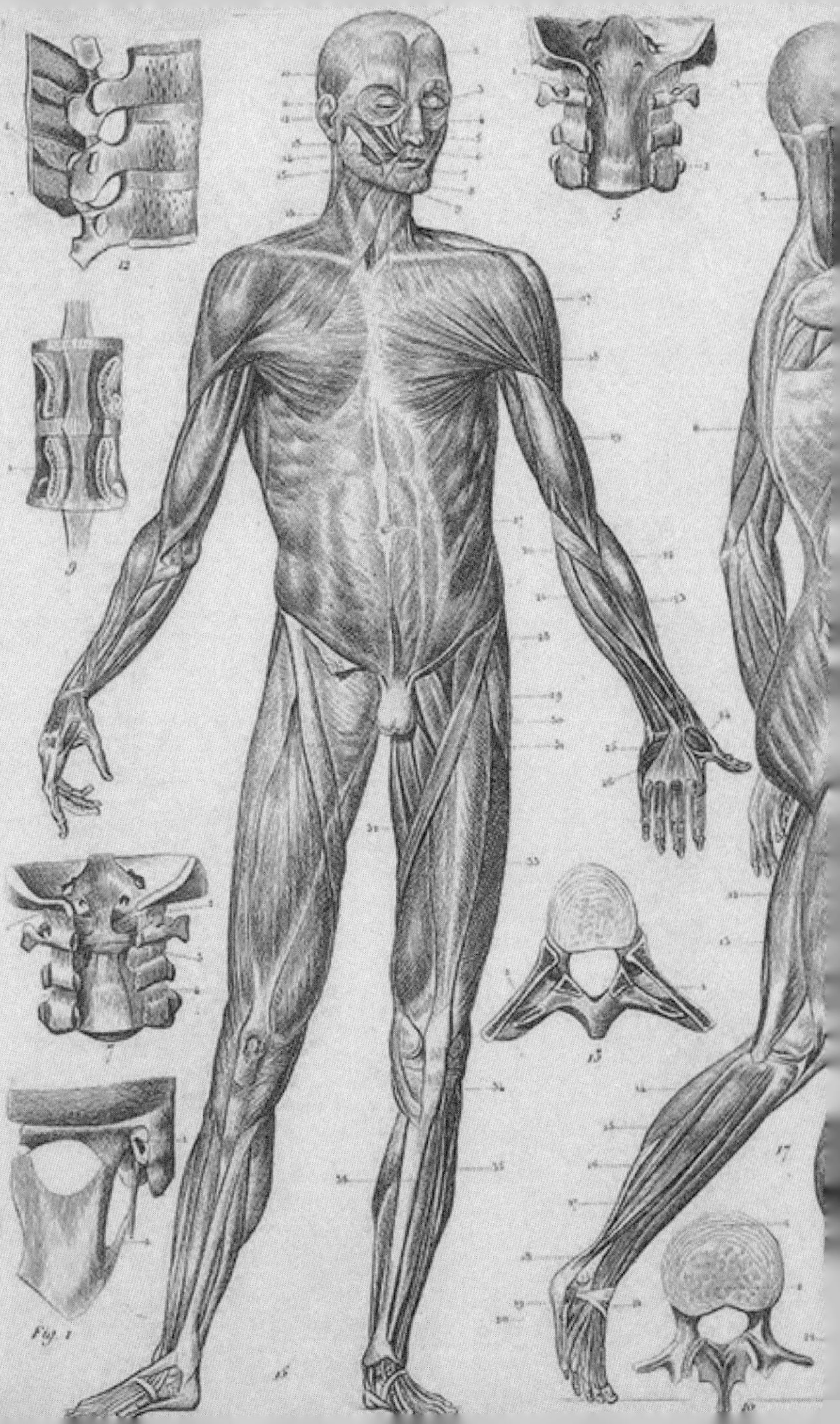
Fig. 1

『ハリー・ポッター』――実は児童書の姿を借りた哲学書なのですが――の中に、魔法使い見習いの女の子ハーマイオニー・グレンジャーが、魔法関係の仕事に就きたくて魔法法を学んでいるのかと聞かれる場面があります。「いいえ」と彼女は答えます。魔法法を学ぶのは世の中の役に立つことをしたいからだと言うのです。ハーマイオニーにとって魔法法は、魔法を永続させるためのものではありません。世界を把握するための道具なのです。

研修医として最初の1年間を過ごした2000年の冬、私が住んでいたのは、ハーバード・スクエアの駅から歩いてすぐの公園に面したワンルームのアパートでした。

「住んでいた」といってもそれは聞こえのいい言葉を使えばであって、実際には3日に1回は夜勤で病院に泊まっていました。一晩中起きて、患者を入院させたり、カルテを書いたり、手術をしたり、集中治療室で急性期の患者の処置をしたりします。翌日、つまり夜勤明けはだいたいソファーベッドで朦朧《もうろう》としながら、足りない睡眠時間を取り返そうとしますが、3日目は「フレックス」と呼んでいて、つまりフレキシブルに過ごせる日でした。回診はたいてい午後6時には終わって、頭が冴えている残りの4、5時間はもっとも貴重でプライベートな時間でした。凍ったチャールズ川沿いを5キロほど必死になって走り、使い古したコーヒーメーカーで1杯淹《い》れ、窓からぼんやりと雪の吹き溜まりを見ながら、その週に出会った症例に思いをめぐらせました。最初の半年で十数人の死を目の当たりにしたのです。その中には、自分と変わらないくらいの若さで、臓器移植を待っているうちに心不全で亡くなった男性もいました。

私は誰とも話をしませんでした。少なくとも、誰かと話した記憶はありません(夜は公園を駆け抜け、昼は同僚のあいだを駆け抜けていたのです)。「病気になって、自発性もまた人間の権利なんだって気づいたよ」と、以前ある患者が言っていました。病院の恐ろしいところは、何でも時間通りに行なわれるということです。薬はスケジュール通りに届き、シーツもスケジュール通りに替えられ、医者は決まった時間に回診をする。尿だって、タイマーに沿って目盛つきのパウチに集めるのです。

病人の世話をする人もまた、このように自発性がなくなっていくのをある程度経験します。振り返ってみると、1年間あるいは2年間、時計仕掛けの人間のように生活し、決められたことを次々とこなしていたのがわかります。毎日が同じ日の繰り返しのように重なって、同じリズムにセットされる。最初の1カ月が終わる頃には、ヒマなはずのフレックスの時間もマヒしていって、機械的に同じことを反復するだけになっていました。

あまりに単調な日々から抜け出す唯一の方法は、読書でした。囚人が監獄に持ち込んだたった1冊の本に、1000冊分もの宇宙が広がっているのに気づいた、という中世の話があります。思い起こせば私もまた、その年に読んだのは1冊だけ——『The Youngest Science』（ルイス・トマス『医学は何ができるか』石館康平・中野恭子訳、晶文社、1995年）というペーパーバックの短いエッセイ集——でしたが、まるでそれは1000冊読んだかのような体験でした。その本は私の医師人生にもっとも深い影響を与えた1冊となりました。

『The Youngest Science』には「Notes of a Medicine-Watcher（医学を見つめて）」という副題が付いていて、ひと昔前の研修について書かれています。医者であり、科学者であり、作家であり、時として詩人でもあるルイス・トマスは、研修医として過ごした1930年代の話をしています。トマスは1937年にハーバード大学の医学部を卒業すると、ボストン市立病院で研修医になり、壮絶な洗礼を受けます。トマスはこう述べています。「研修1年目の報酬はゼロだから、報われるという言葉を使うには問題があるかもしれない。寝る部屋と机と白衣の洗濯代は病院持ちだった。勤務は毎日朝から晩まで休みはない。〔…〕使う暇がないので小遣いはほとんどいらなかった。必要であれば、研修医には確実な小遣い稼ぎがあった。研修医は主要な血液提供者であり、500ミリリットルにつき25ドルの報酬があったので、月に2、3回の献血をすれば懐はじゅうぶん潤った」

ルイス・トマスが医学の道に進んだのは、医学の歴史上もっとも重要な転換期のひとつと言える時期でした。「現代医学」と言われているものの多くが、実際には驚くほど最近になってから生まれたものであることを、私たちはつい忘れてしまいます。1930年代以前は、完治はおろかある程度以上効果のある治療法を見つけるのにも苦労していました（一方、外科手術はひと目でわかるような効果をもたらしていました。虫垂炎になったときの盲腸の切除、壊疽を起こして腐った身体の切断などを考えてみてください）。当時のほとんどすべての医療行為は、次の3つのうちのどれかに分類できてしまいます。薬らしいものを処方すること、緩和薬を出すこと、トイレに行かせることです。薬らしいもの、つまり有効な成分など入っていないプラセボ（偽薬）は当時もっとも一般的な薬でした。科学的な根拠には基づいていないものの、飲めば治ると信じる患者の心理がもとになって効果が得られるという「治療法」です（弱った体や老化に対する万能薬であり、うつになったときの強壮剤です）。一方、緩和薬は、しばしば実際に効果がありました。かゆみや痛みを和らげるためにモルヒネ、アヘン、アルコール、ハーブエキス、湿布、香油などが使われました。最後は大雑把に「トイレに行かせること」と一括りにしてしまいましたが、これには下剤《げざい》、吐剤《とざい》、浣腸《かんちょう》を使って胃や腸の中身を出すことで、便秘を解消させたり、ときには毒を吐き出させたりすることが含まれます。これらの薬は実際に作用しますが、多くの治療であまり役には立ちませんでした（時として、治療のための手段と実際になされる医療行為の関係が大きく逆転し、ある手段を使うこと自体が目的となってしまう場合があります。下剤を飲ませるという医療行為が19世紀によく選ばれていたのは、それが特に有効だったからというわけではなく、医者が実際に目に見える効果をもたらすことのできる数少ない手段のひとつだったからです。よく言われるように、「金づちを持っていれば何でも釘に見える」というのと同じです)。

医療行為の量も質も不足しているなか、医療ニヒリズムという考え方が支配的になったとトマスは書いています。医療ニヒリズムは、その否定的な印象を与える名称とは裏腹に、おそらく20世紀初頭の医学でもっとも望ましい発展を遂げた考え方のひとつでしょう。19世紀の医療行為の多くがまったく役に立たない、もっとはっきり言うなら命を奪うことさえある、という認識から、次の世代の医者は何でもやってみるという態度から距離を置くことにしたのです。代わりに、ジョンズ・ホプキンズ大学のウィリアム・オスラーのような権威は、病気の特徴を明らかにしたり、病気を観察・分類したり、病名を付けたりするのに集中しました。後生の医者たちが信頼できる治療法を探し当てることを願って。オスラーは、実際に病気がどのように進行するのかをただ観察するために患者を入院させていたようでした。やれることはやってみたいと人間誰しも思うものですが、強い意志でもってそのような衝動を抑え込んだのです（医者の仕事について、トマスはかつてインタビューで「診断をして、経過を予測して、ケアするのです。余計なことはしてはいけません」と語っています）。オスラーの教え子たちは、役に立たない薬を使って患者に余計な手を出したりはしませんでした。その代わり、血液量や呼気や体重や身長を測り、聴診器で心臓や肺の音を聴きました。また、瞳孔《どうこう》が拡大したり縮小したり、お腹が膨らんだりへこんだり、神経の反射があったりなかったりするのを観察しました。まるで古代ギリシャの医師ヒポクラテスの誓い「まず、害を与えないこと」を「まず、何もしないこと」へと変化させたかのようです。

しかし、何もしないおかげで、医学に浄化作用がもたらされることになりました。１９３０年代には、それまでに溜まった毒を慎重に抜いていった成果が現れ、医学は根本的に変わっていました。病気の経過を観察し、病気の発生と進行についてのモデルを作ることで、新しい医学の基礎が築かれていったのです。

そのときには、医師たちは心不全の基本的な特徴を理解していました。心不全になると体に水分が溜まり、水分が肺に送り出されます。心臓の筋肉が酷使されるために心臓から雑音が聞こえるようになり、ついには脈が乱れて死に至ることもあります。糖尿病は糖の代謝に異常がある状態だと判明しました。つまり、血中から糖代謝組織へ糖を運べなくなるのです。糖尿病性アシドーシス（血液が酸性に傾いた状態）の患者の体では、血中のブドウ糖の濃度は上がっているのに、糖代謝組織にブドウ糖が足りなくなっています。まるで、そこら中に海水はあるのに、飲み水は一滴もない船乗りのように。連鎖球菌性肺炎は、インフルエンザに感染したあとにかかりやすいということも認識されていました。インフルエンザから回復した患者が急に熱をぶり返し、血の混じった空咳をゴホンゴホンとすることがあります。聴診器には肺の一部から、肺組織が硬化していることを示すガサガサという鈍い音が聞こえます（恩師の1人はそれを「秋の落ち葉の上を歩く音」と表現しました）。また、そのような肺炎にかかった患者がたどる経過は大きく分けて2種類あることも判明しました。細菌が体の抵抗力を上回る場合は、敗血症や臓器不全になったり、急死したりすることもあります。一方で、感染して10日ほどで、見事なまでに細菌に対する免疫力が高まって、熱が急に下がり血液中の細菌がなくなるケースもあります。このように、観察に観察を重ねた結果、病態生理学（pathophysiology）――病気に侵されたときの身体機能を研究する生理学――が打ち立てられ、現代医学が発展する土台になりました。

トマスが1940年代の医学に驚いたのは、そのような情報を活用することで、科学的な原理に基づいた医療処置ができるようになったからでした。心不全が血液のポンプ機能の異常と過剰な水分の観点から捉え直されると（心臓のポンプ機能に異常があると同じ量の血液を体内に送り出せなくなり、余分な血液が肺に溜まることになります）、まだ洗練されていなかったとしても、心不全に対してどんな治療法が効果的なのかは明らかです。静脈から少し血を抜いて、心臓の負担を和らげるのです。同様に、連鎖球菌に感染しても驚異的なまでに回復することが宿主免疫反応として理解されると、新しい治療法も頭に浮かんできます。回復期のヒトか動物から採取した血清《けっせい》を感染した患者に注射すれば、防御因子（のちに抗連鎖球菌抗体だとわかります）が増強され、宿主免疫反応が一気に高まります。この原理に従って連鎖球菌性肺炎を治療したときの様子を、トマスはこう記しています。「血清を静脈からゆっくり注入する。効くときは1、2時間で効果が現れた。熱が下がり、つい数時間前には瀕死の状態だった患者も落ち着いて眠れるようになる」

続けてトマスは次のように述べます。「研修医にとっては、新しい世界が目の前に開けたことを意味していた。ある職業に身を置こうとしていたそのときに、職業そのものが変貌してしまったのである。私たちは一夜にして、これからは手の届かないものは何もないことを確信するようになった。医学は鎖から解き放たれ、走り出していた」。トマスの言う「もっとも未熟な科学(youngest science)」が産声を上げた瞬間です。

私が『The Youngest Science』を手に取った頃には、医学の科学的要素はいっそう強くなっていました。もう一度心不全について考えてみましょう。1937年当時、心不全の治療は、酸素を供給して心臓の機能を補強するのを除けば、静脈に針を刺して100ミリリットル分の血液を抜いて、体内の血液量を変えるのが信頼できる唯一の方法でした。それでもたしかに効果はありますが、1990年代後半の心臓病専門医からしたら、そんなのはずいぶん昔のやり方、中世の治療法みたいなものです。現在、心臓病専門医は1、2種類なんてものではなく、十数種類もの治療法——血液量や血圧や心拍数のリズムを細やかに調節する方法——を選ぶことができます。利尿剤、血圧の調整剤、腎臓から塩分と水分を排出するための薬、心臓を正常なリズムに戻すために微調整する治療法などです。それに加えて、植え込み型除細動器があります（電気ショックを与えることを表す「ザップ」という語を使ったハート・ザッパーという俗語もあります）。これは、万一命取りになるほど脈の打ち方が乱れたときに、電気ショックを与えて心臓のリズムを一度「リセット」する装置です。もっとも重度の心不全、たとえば、何らかの原因によって鉄が沈着し（オズの魔法使いに出てくるブリキの木こりみたいですが）、心臓の筋肉が少しずつ衰えていく若年性の心不全には、さらに革新的なやり方があります。他人の心臓をまるごと移植し、体の免疫系が新しい心臓を拒絶するのを防ぐため免疫抑制剤を一斉に投与するといった方法です。

しかし、『The Youngest Science』を読み進めるにつれて、当時研修医だった私は根本的な問いに戻っていきました。そもそも医学は科学なのだろうか、と。「科学」という語を、この数十年で目覚ましい技術革新を遂げたものを指すのに使うなら、医学は間違いなくその名に値します。しかし、技術革新が科学であることを保証するわけではありません。技術革新は医学が科学的・であることを示しているだけです。つまり、医療処置が病態生理学という科学的な原理に基づいているというだけです。

科学には法則があります。法則とは、実験と観察を繰り返して証明されることのうち、普遍性があるか、ある範囲の中で一般化が可能な自然の属性について述べたものを言います。物理学はそのような法則でいっぱいです。中には、きわめて一般性の高い法則、たとえば、質量を持った2つの物体同士の引き合う力が宇宙のどこでも成り立つ、という万有引力の法則もあります。

より特定の状況に即した法則としては、ある種の電気回路にのみ当てはまるオームの法則などがあります。いずれにせよ法則というのは、観測可能な現象のあいだに見られる関係のうち、状況や条件を変えても成立する部分を抽出したものです。法則とは、自然が依って立つ規則なのです。

化学の法則は物理学より少なく、生物学は基本3科学の中ではもっとも法則が少ない分野です。そもそも規則が少ないうえに、普遍的な規則はいっそう少なくなります。もちろん、生物は物理学や化学の基本的な法則には従わなければなりませんが、生物はそのような法則のギリギリの部分に存在し、法則を壊す寸前のところまでねじ曲げます。象であっても熱力学の法則を破ることはできません。しかし、象の鼻は、エネルギーを使って物を動かす方法としては、もっとも変わったものの部類に入ることでしょう。

それでは、トマスの言う「もっとも未熟な科学」に法則はあるのでしょうか？　今ではおかしい考えだったと思うのですが、私は研修期間の多くを医学の法則を求めることに費やしました。基準はシンプルです。医学の基本原理を抽出して真理を述べるものが「医学の法則」です。その法則は、生物学や化学から借用するものではありえません。医学の実践に特化したものでなければならないのです。1978年、作家のサミュエル・シェムは『The House of God』という小説の中で「医学の13法則」を提案しています（たとえば法則12は「放射線科の研修医たちがX線で病変を見つけたら、そこに病変があるはずはない」です）。しかし、私が目指していたのは、シェム流のやり方で医療業界を批判したり医学のひねくれたところをあげつらったりすることではありません。医学全体に適用できる規則や原理に興味があったのです。

もちろん、それは物理学や化学にあるような法則ではないでしょう。もし医学も科学の一員だと言えるとしたら、もっとゆるやかな科学です。医学にも重さはあります。ただし、それはニュートンの数式で捉えられるようなものではなく、事態の重大さという意味の重さです。悲しみにも半減期があります。たとえそれを測るための器具はなかったとしても。医学の法則は定数と変数からなる数式のような形では表現できません。私が目指していたのは、医学を体系化して普遍的な法則のみを取り出すことではありません。そうではなくて、一見乗りこなせない荒波のようにも思える医療の世界で、若手医師が実地で学んでいくときの手引きとなるような規則を見つけたいと考えていました。「医学の法則」を見つけるというこのプロジェクトは軽い気持ちで始めましたが、実際に進めてみると、医学の基本原則についてこんなに考えたことはないというほど真剣に取り組むことになりました。

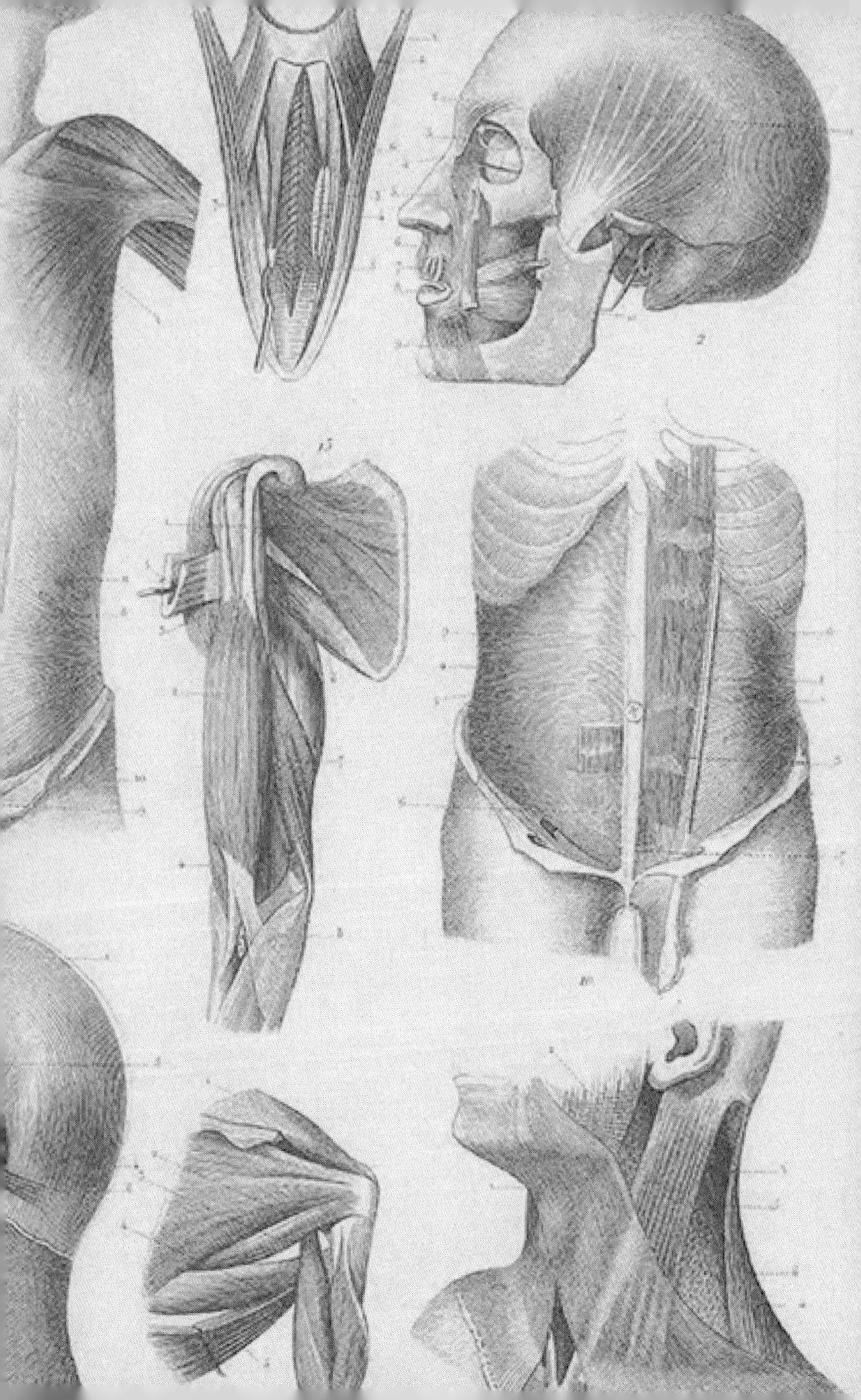

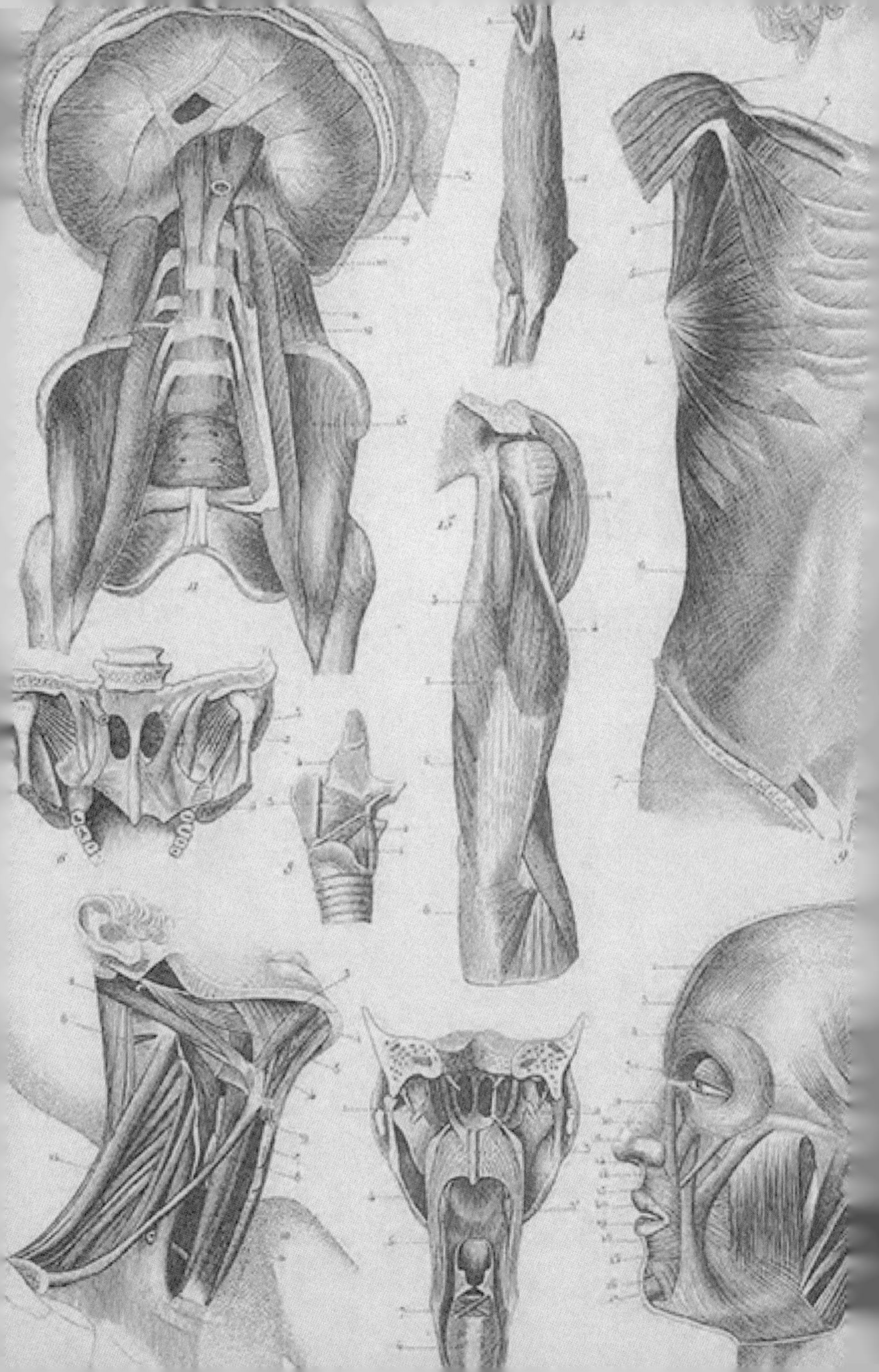

法則1

鋭い直感は信頼性の低い検査にまさる

医学のひとつ目の法則を発見したのは偶然からでした。それもそのはず、主に確率に関わる法則ですから。2001年の春、研修1年目も終わりに近づいた頃、私は原因不明の体重減少と疲労に悩む男性を診るように言われました。彼は56歳で、ビーコンヒル在住。ビーコンヒルはレンガ造りの高級住宅が立ち並ぶしゃれた地域で、石畳の並木道沿いには私の勤務していたマサチューセッツ総合病院があります。

その男性をカールトン氏と呼ぶことにします。彼はビーコンヒルを絵に描いたような人物でした。糊《のり》のきいた青いシャツ、肘当てのついたジャケット、使い古されてほつれたネクタイから、彼が資産家であること、ただし親譲りの財産をひそかに持っていることがうかがえました。ころころ気が変わり怒りっぽい彼の様子は、うまく言葉にはできませんでしたが、どこか気になりました。彼が診察中に立ち上がったときに、腰のレザーベルトがきつく締められているのに気づきました。さらにぎょっとしたのは、こめかみのくぼみです（「側頭筋の萎縮」と言います）。体重が減ったのは最近のことで、かなり深刻なのは明らかでした。体重を測るために立ち上がった彼は、この4カ月で12キロも痩《や》せてしまったと言いました。体重計まで移動するのも海を渡るかのようでした。呼吸を整えるのにまた座らなければならなかったほどです。

この症状を見てすぐにピンとくる原因はがんでした。隠れた悪性腫瘍が悪液質（体重と筋肉量の減少）の原因になっているのではと思いました。しかし彼に目立った危険因子はありませんでした。タバコも吸っていなかったし、家族の病歴（家族歴）を見ても、それらしいものは見当たりません。私はいくつかの臨床検査をしてみましたが、結果はほとんどが正常でした。唯一見つかったのは白血球がやや減少していたことですが、だからといって何かあると言えるものではありません。

それからの4週間、私たちはがんの兆候がないか彼の体をくまなく調べました。CTスキャンの結果は異常なし。結腸がんが潜んでいないかと内視鏡検査をしても、ところどころポリープがあるだけ。リウマチ専門医にも診てもらいました。というのは、彼の指にはたまに関節痛があったからですが、やはり何も診断されません。私はさらに立て続けに検査を重ねました。採血の担当者は、カールトン氏の静脈が圧迫されてほとんど血が採れないと文句を言っていました。

しばらくは何の進展もなく、診断は行き詰まりのように感じられました。さらに検査をしても異常は見つかりません。カールトン氏はいらだっていました。体重は減り続け、ゼロに達するおそれがありました。そんなある晩のことでした。病院から帰る際にふと目にした光景によって、症例の見方がガラッと変わりました。

ボストンは小さな街です。そして、病気は住民の分布をなぞるようにして分布します（こんなことを言うと叱られるかもしれませんが、でも研修1年目としてはそう思うものです）。ボストンの北にはイタリア系アメリカ人が多く住むノースエンドというエリアがあります。荒々しい雰囲気の中にチャールズタウン造船所とドーチェスター造船所が構えており、タバコを吸う労働者、アスベストにさらされた労働者が数多く見られます（たとえば、肺がん、肺気腫、アスベスト症が思い浮かぶでしょう）。ボストンの南は絶望的なまでの貧困地域であり、ヘロインとコカインで溢れています。ビーコンヒルとブルックラインはその真ん中にあってミドルクラスを守る砦をなしていて、その砦の中には彼ら住民がかかる種々の慢性疾患が見られます。

その晩に起こったのは、こういうことです。午後6時頃、回診を終えて帰ろうとすると、カールトン氏が病院のロビーにあるコーヒーショップの近くで、ある男性と会話しているのを見かけました。私は数カ月前に、その男性を診察していました。ヘロインの注射針が誤って静脈に刺さってしまったことによる重度の皮膚感染です。会話はたった数分程度のもので、20ドル紙幣の両替だとか、一番近いATMはどこかといった、些細な内容だったかもしれません。しかし、帰りの電車に乗っているあいだずっと、その場面が忘れられませんでした。「ビーコンヒルの御曹司《おんぞうし》がミッションヒルのヘロイン中毒患者と会話をしている」。不釣り合いなはずなのにどこか見覚えのある様子が頭から離れません。住んでいる地域も、話し方も、家系も、身なりも、階級も重なるはずがないのに。駅に着く頃には、謎が解けていました。ボストンは小さな街なのだから、もっと早く気づいてもよかったくらいです。カールトン氏はヘロイン常用者だったのです。コーヒーショップにいた男性はときどきへロインのディーラーをしていて、カールトン氏にも売ったことがある人物、あるいは知り合いの知り合いあたりでしょう。あとから考えると、カールトン氏の採血担当者に話を聞いておくべきでした。彼の静脈にはヘロインを何度も打った注射の痕《あと》が残っていたことでしょう。

翌週、私は素知らぬ顔でカールトン氏にＨＩＶの検査を受けてもらいました。コーヒーショップで会っていた男性については話しませんでしたし、ミッションヒル出身の男性と知り合いかどうかも聞きませんでした。検査の結果、明らかな陽性反応が見られました。ＨＩＶのウイルス量とＨＩＶ感染時の免疫力を測る指標であるＣＤ４値の測定が終わる頃には、答えが明らかになっていました。カールトン氏はエイズだったのです。

このケースをこんなに詳しく述べているのは、ここにはきわめて重要なポイントが含まれているからです。医療の診断はすべて確率ゲームになぞらえることができます。ゲームの仕方はこうです。患者の症状を説明できる何らかの病理的な機能不全、たとえば心不全や関節リウマチなどに確率を割り当てて、それから、その確率を上げたり下げたりするのに必要な証拠を集めます。どんなにちょっとした証拠でも——患者の病歴も、医者の直観も、身体検査でわかったことも、これまでの経験も、うわさも、勘も、ちょっとした行動も——確率を左右します。確率が一定の値を超えたら、確認のため検査をします。前もって割り当てた確率に照らして検査結果を判断するのです。カールトン氏を病院のロビーで見かけたことも、そうした確率ゲームの一環として捉え直すことができます。私の判断にはバイアスがかかっていたため、カールトン氏がＨＩＶに感染している可能性に対してはごくわずかな確率しか割り当てていませんでした。しかし、運命的なあの晩、カールトン氏をふと目にしたことで、その確率は劇的に変わったのです。それによって確率は一定の値を超え、確認の検査をすることになり、最終的に正しい診断を下すことができました。

　こんなやり方で病気を診断するなんておかしいんじゃないか、と反論したくなるかもしれません。検査の前に検査結果の確率を算出するなんて、支離滅裂じゃないか？　直接検査してみたらいいじゃないか？　もっと賢い内科医なら、ＨＩＶの検査をすぐにして、さっさと診断できるんじゃないか、私みたいに何カ月も手探りをすることはないんじゃないか、と言う人だっているかもしれません。

　ここで、先ほど言ったポイントの出番です。前もって割り当てた確率に照らしてしか検査の妥当な解釈はできない。はじめはおかしなことを言っているように聞こえるかもしれません。まるでコメディアンのグルーチョ・マルクスの本に載っているルールみたいです。実際に答えがわかる前に、答えがある程度わかっていないといけないなんて。

　このパラドックスの背後にある論理を理解するためには、どんな医学の検査にも――もっと言うと、どの分野のどんな試験や検査についてもそうなのですが――偽陽性《ぎようせい》と偽陰性《ぎいんせい》があることを頭に入れておく必要があります。偽陽性の場合、実際には病気や異常がなくても、検査は陽性と判定されます（たとえば、ＨＩＶの検査結果は陽性でも実際にはウイルスがないケースです）。偽陰性は逆に、検査結果が陰性にもかかわらず、実は検出されるべき異常がある場合です（ＨＩＶに感染していても、陰性と判定されるケースです）。

大事なのは、患者が病気にかかっている可能性（リスク）を事前に算出することなく検査したら、偽陽性率と偽陰性率のせいで正確な診断が難しくなるということです。次のような状況を考えてみましょう。ＨＩＶ検査の偽陽性率が１０００分の１だとします。つまり本当は感染していないのに１０００人に１人は陽性と判定される場合です（実際の偽陽性率は私が研修医だった頃よりも下がってきていますが、それほど変わりません）。また、１０００人に１人の割合でＨＩＶ患者がいる集団にこの検査を受けてもらうとします。

偽陽性率から言って、陽性と判定される実際の患者が1人いれば、感染していないのに陽性だと判定される患者もおよそ1人いる計算になります。要するに、陽性判定を受けた患者のうち、実際に陽性の割合は50%なわけです。そのような検査があまり役に立たないということには、同意してもらえるでしょう。半分しかうまくいかないのですから。

先ほどの話で出た「賢い内科医」が、危険因子のまったく見られない患者にHIV検査を行なったとしても、ほとんど何も得られません。検査結果が陽性でも、患者が実際に感染しているよりも、検査が間違っている可能性のほうが高いのです。もし偽陽性率が1%に上がり、有病率（ある時点において特定の病気にかかっている患者の割合）が0・05%にまで下がったら――これは両方とも現実的な数字です――陽性という判定が実際に正しい確率はわずか5%しかありません。つまり、この場合は95%の割合で検査結果が間違っているのです。

一方、感染するリスクの高い行動や、感染源へ接触した可能性に基づいて、同じ集団が事前に選別されていたらどうなるか考えてみましょう。事前の選別の精度が高く、検査をする前に「感染リスクの高い」集団を選り分けられるとします。前もってわかる有病率が100人中19人にまでなると、状況は劇的に変化します。20の検査で陽性判定が出れば、誤って陽性と出る検査はひとつだけで、他の19の検査結果は本当に陽性なわけです。つまり、検査の精度は95%になります。検査対象の集団の構成を変えるだけで、同じ検査がまったく使い物にならなくなったり、完全に実用的になったりするなんて、まるで手品みたいです。検査の弱点を克服するには、しっかりとした「事前知識」――これまでインフォーマルに直観と呼んできたもの――が必要なのです。

昔ながらの医者はこうした「事前知識」を大切にしてきたのですが、医学の新技術ではしばしばおろそかにされます。「事前知識」が問題になるのは、担当医が心エコー図の検査や負荷試験を追加依頼するときではなくて、担当医が患者に足が腫れたかどうか尋ねるときや、それらしい理由もないのに脈を測るときです。私は以前、熟練のがん専門医が肺がんの女性患者を診察するのに立ち会ったことがあります。診察はおおむね予想通りに進みました。聴診器で患者の肺と心臓の音を聴き、発疹がないか肌を確認して、部屋を歩かせてみる。医師はせわしなく動き、カルテを書きながらしゃべっている途中で、うっかり日付を間違えました。患者は笑って日付を訂正しました。そして、最後に友達と出かけたのはいつですか？　筆跡は変わりましたか？　つま先の開いた靴《オープントウ》なのに、ソックスを履いているのですか？　と立て続けにおかしな質問をしました。

　診察が終わって、患者が帰ったあとに、私はその質問について医師に尋ねました。答えは驚くほどシンプルなものでした。その医師は、うつ病、不安症、不眠症、性機能障害、神経障害、その他これまでかかった病気やその治療に由来する種々の後遺症などの確率を算出していたのです。彼は関係なさそうに思える質問をいろんな患者相手に繰り返すことで、診断するのに効果的な質問法を洗練させてきたのです。患者の女性に「神経障害ですか？」と聞いても、何と答えていいかわからなくなるだけだが、つま先の開いた靴にソックスを履いたかどうかを忘れる人はいない。そう彼は言いました。相手から聞かれて日付を答えるのは簡単です。でも、相手がうっかり口にした日付が間違いだとわかるには、より高い次元で注意、記憶、認知が連携する必要があります。その医師の質問はどれも、はっきりと診断を下すのに直結するものではありませんでした。もし陽性ないし陰性のヒントがあっても、確認のために検査を依頼しなければならないでしょう。ですが、彼がしていた診察こそ、もっとも判断力の鋭い医師が行なうことなのです。彼は証拠を比較検討し、推論をしていました。そう、確率ゲームをしていたのです。

注目すべきは、この種の推論が効果を発揮するのは特定の検査に限った話ではないということです。医学だけでなく、経済学、銀行経営、ギャンブル、占星術など、予測を基盤とするどんな分野にも当てはまります。明日の天気を予報するのでも株式市場の上昇や下落を予測するのでも、ロジックは同じです。このロジックが有効なのは、予測を行なうあらゆる分野に当てはまる普遍的な特徴なのです。

この突飛なようでいて明解な考えの生みの親は、医者でも科学者でもありません。１７０２年、イギリスのハートフォードシャーに生まれたトーマス・ベイズは聖職者でありながら哲学者でもあり、ロンドンに近いブリッジウェルズの教会で牧師をしていました。彼は生前には２本の論文しか公表していません。ひとつは、神の存在を擁護するもの、そしてもうひとつはニュートンの微積分学を擁護するものです（こうした異なる２つの試みが聖職者の頭の中で両立しえたという事実は１７３２年という時代をよく表しています）。彼の論文は確率論についてのものがもっともよく知られていますが、これは生前には公表されず、死後数十年経ってから再発見されたものです。

ベイズが関心を抱いた統計学的な問題は、高度な数学的推論を必要としました。彼と同時代の数学者が関心を抱いていたのは、主に純粋統計の問題です。「箱の中に白い球が25個、黒い球が75個入っている場合、黒い球を連続して2回引き当てる確率は?」といったものです。一方、ベイズは、それとは正反対の問題に取り組みました。つまり、実際に起きたことをもとに知識を得るという問題です。「白と黒の球が入った箱から黒い球を2つ連続で引いた場合、箱の中の白と黒の球の割合はどれくらいだろうか?」と彼は問います。もし連続で引くのが白い球2つに黒い球1つだったら? 箱の中身の予想はどう変わるでしょうか。

おそらくベイズの定理をもっともよく表しているのが、私の知り合いの数学教師が授業の初日に学生に出していた問題です。彼の問題はこうです。露店に行って、コインを投げる男に出会ったとします。最初に投げたコインは表《おもて》。2回目も表。3回目も4回目も……とやっているうちに、12回連続で表が続きました。では、次にまたコインが表になる確率は？　学生の多くは、標準的な統計と確率の授業を受けてきているので、物知り顔で「50％」と言います。しかし、こんなのは子どもでも「このコインはインチキだよ」と言い当てることができます。純粋統計に基づく推論では、答えはわかりません。でも、常識があればわかるのです。12回も表が出るコインは、どんな抽象的な公式よりもその後の確率について多くを語ります。もし事前に得た情報を使えなければ、その後の確率についてはばかげた判断をするしかありません。世界のことが直観的にわかるっていうのはこんな感じだよとベイズは言うのです。絶対的な知識なんてない。あるのは条件付きの知識だけだ。歴史は繰り返す――それは統計的なパターンも同じこと。過去は未来を知るための最良の手引きなのです。

このような考えが神学的に重要なことも自然と理解できます。標準的な確率論では、抽象的な知識から結果を予測します。もし神の意思がわかるなら、人間についてどんな予測ができるだろうか?という問いです。他方、ベイズの定理は現実的に謙虚な態度で推論します。実際に起きた、観察可能な知識をもとにするのです。ベイズなら、人間の世界がわかると、神の心についてどんな推測ができるだろうか?と問います。

これを医療検査の話に置き換えてみましょう。ベイズの方程式は、感染リスクや有病率の事前知識がある場合にどうやって検査結果を解釈すればよいかを教えてくれます。もし過去に薬物中毒だった男性がいて、薬物中毒の患者はHIVの有病率が高いとしたら、その場合に陽性判定が正しく出る可能性はどのくらいでしょうか? 検査はデルフォイの神託のように完全なる真実を予言するものではない、とベイズは思い起こさせてくれます。むしろ、確率を調整するメカニズムなのです。検査という箱に情報を入れると、また情報が返ってきます。検査は「入力確率」から「出力確率」を算出します。入れるのがゴミなら、吐き出されるのも必然的にゴミです。

「ゴミを入れればゴミが返ってくる」という規則の特別なところは、情報やコンピュータに当てはめるのは簡単でも、医学検査に応用するのには抵抗があるということです。前立腺がんの診断に使われるPSA検査を例にとってみましょう。前立腺がんは、年齢が関係するがんです。男性の年齢が上がるにつれて、発症率が劇的に上がるのです。もし40代の男性全員がPSA検査を受けたら、偽陽性判定の数（本当は異常のない人の数）が真の陽性判定の数（本当に異常のある人の数）を大幅に上回るのは、間違いないでしょう。患部の組織を採取する不必要な検証検査が何千回と行なわれ、そのたびに事態はより複雑になり、フラストレーションは溜まり、費用はかさむでしょう。同じ検査を60歳以上の男性に行なえば事態はいくらかよくなるでしょうが、偽陽性率と偽陰性率はそれでも問題のある数値に留まるでしょう。家族歴、危険因子、遺伝的特徴、PSA値の経年変化といった情報がもっとあれば、検査が本当に信頼できる確率は上がっていきます。このロジックから逃れることはできません。しかし、前立腺がんかどうか「診断」するために誰彼かまわずPSA検査をしてほしいという要望が、患者や支援運動団体から湧き起こっているのです。

医学の情報が爆発的に増えても、ベイズが示したロジックの力が衰えることはありません。むしろ、力を増すばかりです。BRCA1遺伝子に突然変異がある女性は乳房を2つとも切除すべきでしょうか？　イエスもノーもどちらもばかげた答えです。BRCA1遺伝子の変異は卵巣がんや乳がんのリスクを高めることが知られています。しかし、実際のリスクは人によって大きく異なります。30歳で乳がんの細胞が急速に増殖し、死に至る可能性のある女性がいたかと思えば、80代になって進行の遅い乳がんにかかるだけの女性もいるかもしれません。ベイズ統計の研究者なら、もっと情報を集めるように言うでしょう。女性の母親や祖母は乳がんにかかっているか？　何歳のときに？　遺伝子や、有害物質、環境といった彼女のこれまでのリスクについては、何がわかっているのか？　それらの危険因子のうち改善可能なものはあるか？

新聞を開いてそこに何か医学についての論争を見つけたなら、それはベイズ流の分析に関係するものか、ベイズ理論の理解が完全に欠けているものかのどちらかでしょう。44歳の女性はマンモグラフィー検査を受けるべきでしょうか？　その女性が乳がんを患っているかについて事前確率を調整できなければ、検査で得られるのは実際のがんの症例ではなく、ゴミのようなデータでしょう。エボラ出血熱を検出できる非常に高度な血液検査を発明したとします。空港にいる旅行者全員にそのような検査をして、致死率の高いウイルスがアメリカに蔓延《まんえん》するのを防ぐべきでしょうか？　さらに私がこう言ったとします。エボラ出血熱にかかった人は全員この検査で陽性判定になったが、難点は、低いとはいえ偽陽性率が5％あることだと。一見すると、頭を悩ます問題ではないように思えます。でも、ベイズ流の分析で何が起こるか考えてみてください。1％の旅行者が実際にエボラウイルスに感染していると想定してみましょう。これはかなり高い割合です。もし空港で陽性判定が出たら、実際に感染している確率はどのくらいでしょうか。多くの人は50〜90％のあいだのどこかを考えるはずです。しかし、本当の答えは16％です。旅行者が実際に感染している確率が0・1％（これは現実的な数値です）にまで下がった場合、本当に感染しているのはなんとたったの2％です。言い換えると、98％の検査結果が間違っているのです。100人の中から2人を見つけるとなると、気が遠くなります。

ベイズの定理から導かれる数字は散々なものですが、このような数字が描く軌道から脱することはできるでしょうか？　つまり、それほど正確で、一貫性のある検査方法を開発することはできるでしょうか？　もはや事前確率を設定しなくてよいくらいにまで偽陽性率を下げられるとしたらどうでしょう？「すべての人にすべての病気の検査をする」アプローチ、つまりＳＦドラマの「スタートレック」に出てくる全身スキャナのような手法は、資源が無限にあって、絶対に正しい結果が得られる検査法がある場合にはうまくいくでしょうが、資源や時間に限りがあれば途端に失敗します。もしかしたら、病歴を注意深く聞いたり、脈拍を測ったり、家族歴について尋ねたり、最近行った惑星系について質問したり、病院を出るときの歩行リズムを調べたりしなくてもいい、そんな未来の医者の姿を思い描ける日が来るかもしれません。不確かで不完全な、数量化できない事前知識――これまで大まかに推論と呼んできたもの――は時代遅れの産物になるでしょう。でも、そんな日が来る頃には医学も様変わりしているはずです。私たちは他の惑星系で新たな軌道をめぐっていて、新たな医学の法則を学ばなければならないことでしょう。

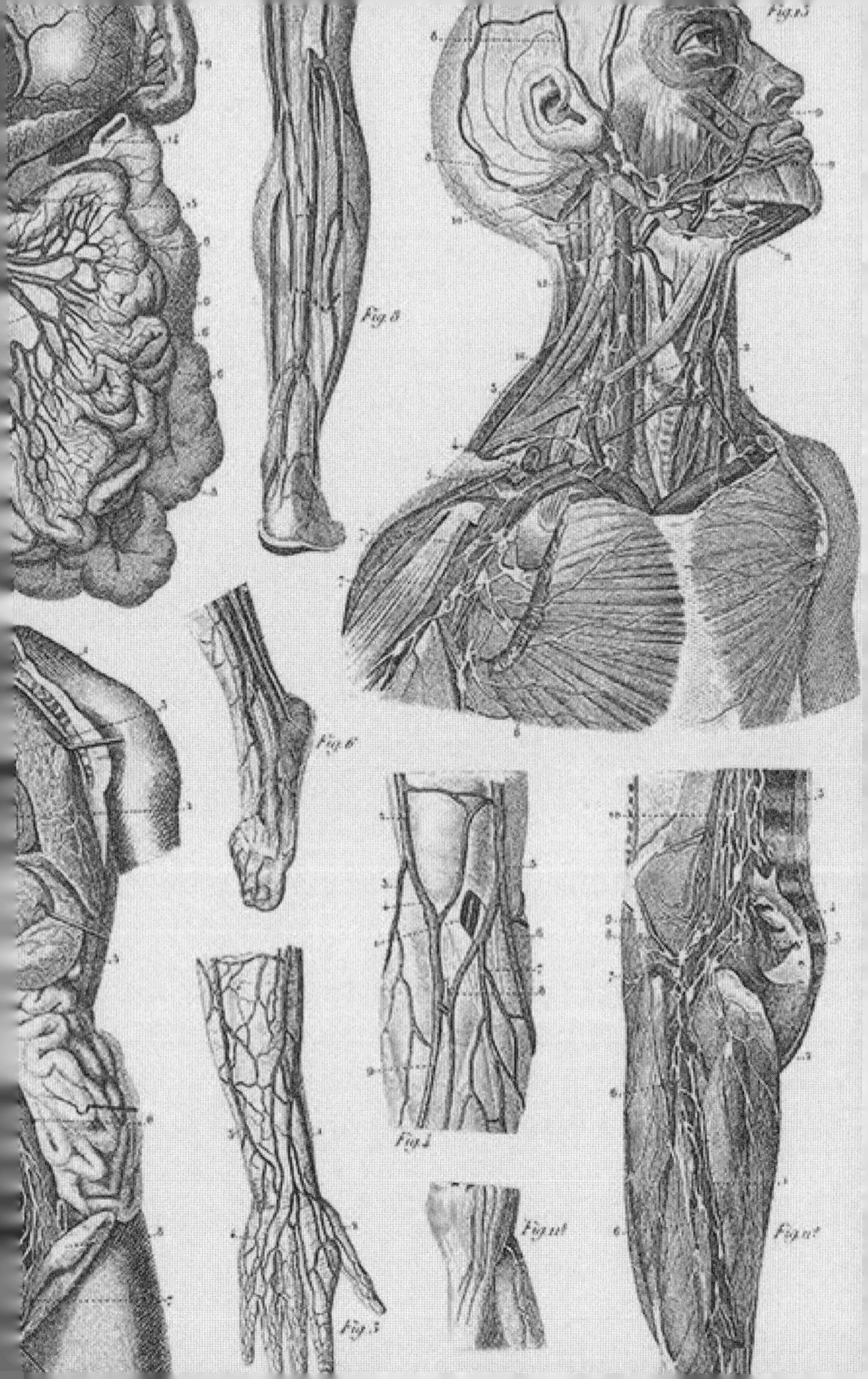
Fig. 13
Fig. 8
Fig. 6
Fig. 2
Fig. 10
Fig. 3
Fig. 11

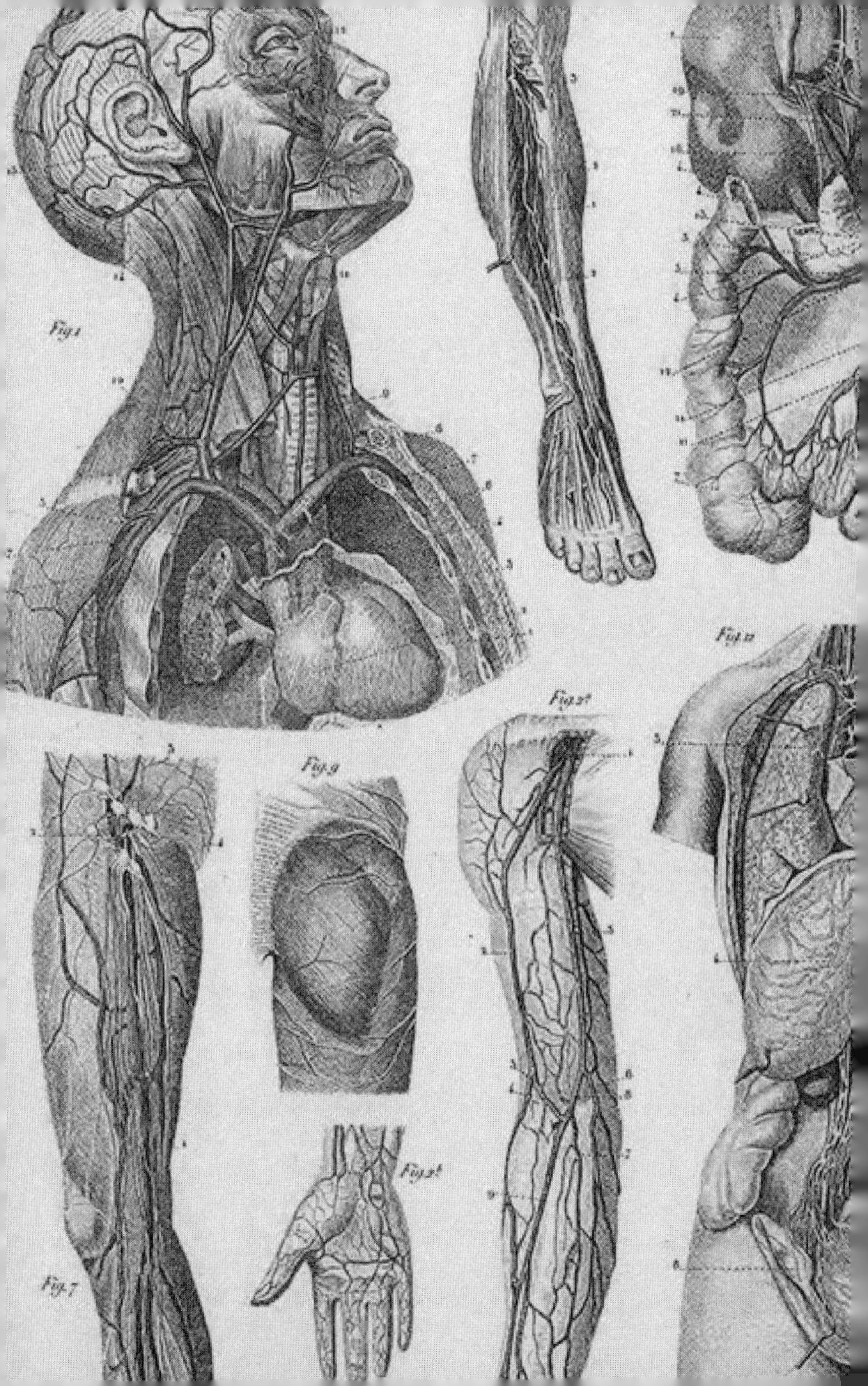
Fig.1
Fig.9
Fig.7

法則2

正常値からは規則がわかり、異常値からは法則がわかる

ティコ・ブラーエは、彼が生きた16世紀後半ではもっとも有名な天文学者でした。1546年、当時のデンマーク領スコーネ（現在はスウェーデン領）の貴族の家庭に生まれたブラーエは、若くして天文学に強い関心を抱き、やがて惑星の運動を体系的に研究し始めます。彼を一躍有名にした重要な発見といえば、恒星が目には見えない天球に張り付いた「尾のない彗星《すいせい》」ではなく、宇宙のはるか彼方から光を放つ大質量の天体だと示したことです。デンマーク王からエーレスンド海峡の風の吹きすさぶ大きな島を与えられたブラーエは、そこに巨大な天文台を建設し、宇宙の構造の解明に乗り出します。

当時もっとも一般的だった宇宙観は、ギリシャの天文学者プトレマイオスによって十数世紀も前に提唱された「天動説」で、地球が太陽系の中心に位置し、惑星、太陽、月はその周りを回るという説でした。プトレマイオスの説は、自分たちが太陽系の中心にいるのだと考えたい古代人の欲求を満たすものではありましたが、単純な軌道を想定するだけでは、惑星と月の運動を説明できませんでした。こうした惑星の動きを説明するため、プトレマイオスは、惑星が異様なほど複雑な経路を描く——一部の惑星は、地球の周りを回りながら、惑星自身も「周転円」という小さな円の上を運動する——と考えざるをえなくなりました（まるでイスラム教神秘主義の修道僧が行なう旋回舞踏のようです）。プトレマイオスの天動説は矛盾と例外で溢れていました。しかし、それにまさる説は他にありませんでした。

1512年、ポーランド生まれの奇才にして博識家、ニコラウス・コペルニクスが小冊子を出版します。太陽が惑星の中心に位置し、地球はその周りを回っているという内容で、当時としては異端の考えでした。しかしコペルニクスのモデルでも、惑星の運動を説明しきることはできません。彼の想定した軌道は完全な円だったため、予測される惑星の位置は実際の観測値からは大幅にずれていたのです。コペルニクスのモデルは相手にされなくても仕方のないナンセンスな代物でした。

コペルニクスのモデルならプトレマイオスの問題の多くを単純化することができる——ブラーエもその有効性については認めていましたが、依然としてそれを信じる気にはなれませんでした（地球は「不格好で、怠惰な天体なので、運動するはずがない」と彼は記しています）。代わりにブラーエは、天動説と地動説の両方の利点を活かし、2つを組み合わせた宇宙モデル——地球を中心に据えたままで、太陽がその周りを回り、他の星は太陽の周りを回る——を提案しました。

ブラーエのモデルには目を見張るものがあります。彼の宇宙学者としての強みは見事なまでに正確な計測にあり、彼のモデルは観測された軌道をほぼ完全に説明できました。ブラーエの規則は美しいものでした——火星という名の厄介な惑星に目をつぶれば。そう、火星だけはどうしてもこのモデルに沿わなかったのです。火星は規則から逸脱した特異な例であり、ブラーエの宇宙論にとって目の上のたんこぶでした。地球から空に見える火星の軌道を観測すると、火星が奇妙な動きをする——前に進んだかと思うと、後ろに方向転換して、それからまた前に進む——のがわかります。この現象は火星の「逆行」と呼ばれ、プトレマイオスやブラーエのモデルではうまく説明できませんでした。夜空を漂う火星の動きにうんざりしたブラーエは、貧乏ながら並外れた熱意を持つ若き助手にこの問題を委ねました。助手の名はヨハネス・ケプラー。ドイツ出身の若手数学者で、ブラーエとは協力したかと思えば険悪になるという波乱に満ちた関係でした。ブラーエは「火星問題」をケプラーに任せて、解決不可能で価値のない謎にきっきりにさせようとしたのでしょう。ケプラーもきっと火星のように、2歩前に進んだかと思えば5歩後ろに下がるといった繰り返しに行き詰まるだろう。そのおかげで自分は宇宙の解明に向けてもっと重要な問題をじっくり考えることができる。そうブラーエは思ったのかもしれません。

しかし、ケプラーは火星を瑣末《さまつ》な問題だとは考えませんでした。惑星のモデルが本物なら、都合のいい惑星だけではなく、すべての惑星の運動を説明できるはずだ。彼は火星の運動の研究にのめり込みました。ケプラーはブラーエの死後も観測記録を手元に置いて、観測記録を返せというブラーエの相続人からの要求を10年近くかわしながら、膨大なデータを綿密に読み込みました。火星の逆行を説明するために、彼は40ものモデルを検討しました。それでも、ふらふらと「引き返す」惑星はどうしてもモデルに合いません。しかしあるとき、ふと答えがひらめきました――惑星の軌道は円じゃない、楕•

円・なんだ。火星を含めすべての惑星は、太陽を焦点とする楕円軌道を描いているんだ、と。地球からだと火星が逆向きに動いているように見えるのは、電車がそれと平行な線路を走るもう一方の電車を追い越すときに、相手が逆方向に走っているように見えるのと同じ現象です。ブラーエが規則からの逸脱だとして片づけたものこそ、宇宙の構造を理解するうえでもっとも重要な情報でした。規則の例外は、実はケプラーの法則を定式化するのに不可欠だったのです。

1908年当時、内に閉じこもり、他者に興味を示さず感情も表現しようとしないうえ、同じことを何度も繰り返すことが多い、そんな子どもを目の前にすると、精神科医は風変わりな統合失調症の一種と診断していました。しかし、その診断結果には統合失調症とはどうしても合わないところがありました。精神科医がこうした子どもたちを調べていくにつれて、この病気は統合失調症の特徴と重なるところはありつつも、まったく別物であることが明らかになっていきます。この病気と診断された子どもは自分自身の迷宮に閉じ込められ、そこから抜け出せないように見えました。1912年、スイスの精神科医ポール・オイゲン・ブロイラーはこの症状に新しく名前を付けます。その名は自閉症（オーティズム：autism）。ギリシャ語の「自己」に由来します。

この病気を理解しようとした精神科医は数十年にわたり、自閉症の子どもとその家族を調査しました。その結果、自閉症は遺伝すること、しばしば何世代にもわたって引き継がれること、親の年齢、特に父親の年齢が高い場合に見られやすいことなどが報告されました。しかし、自閉症を体系的に説明するモデルは依然として見つかりませんでした。この病気が神経の発達異常に関連していると言う学者もいましたが、精神分析学者と行動学者が考え悩んだ末、1960年代には新たに強力な説が生み出され、定着しました。

自閉症は、愛情のない、冷たい親が原因だという説です。

この説はほとんどどこをとっても妥当なように思われました。注意深く観察すると、自閉症の子を持つ親は子どもから距離を取ってよそよそしく接しているようでした。子は親の真似をして行動を身につけるという説が確立していたこともあり、感情表現についても子が親を真似るというのは、十分納得のいく説明に思われたのです。実験で親から引き離された動物は、不適応な行動、反復的な行動を取るようになりますが、冷たい親を持つ人間の子もまたそのような症状を見せるのではないか。1970年代前半、この理論は「冷蔵庫マザー」仮説に発展しました。冷蔵庫マザーは自分の雪を解かせないため、冷たく内に閉じこもる、社会性に欠けた子どもを生み出し、その子たちが最終的に自閉症になってしまうのだ、というわけです。

冷蔵庫マザー理論は精神科医の注目を集めました。なにしろ女性差別と不可解な病気ほど強力な組み合わせなんてそうそうないものですから。そして、堰《せき》を切ったように自閉症の治療法が生まれました。電気ショック療法、愛着形成時の傷を修復する「愛着療法」、幻覚薬を使い子どもの心を「温め」てこちらの世界に連れ戻す治療法、行動カウンセリングで不適応な育児を正す治療法。中には、ラディカルな「親の切除」を提唱する人もいました。外科手術で乳がん患者の乳房を切除するのと同じように、ここでは子どもの生活から病原となる親を「切除」するのです。

しかし、自閉症の家族歴はこのモデルに合いません。心の冷蔵庫があるとしたら、それが何であるかはともかく、何世代にもわたって遺伝するとは考えにくいですし、事実そんな例はひとつも報告されていません。父親が高齢だと自閉症の発生率が著しく上がることを説明するのも難しいでしょう。

現在、自閉症は「冷蔵庫マザー」とは関係ないことがわかっています。遺伝学者が一卵性双生児の自閉症発症率を調べた研究の大多数では、1人が自閉症ならもう1人も自閉症である率が50〜80%と目を引く数値でした。これは、遺伝子が原因であることを強く示唆しています。2012年に生物学者が、突然変異自閉症と言われる子どもたちのゲノムを解析し始めました。この症例では、子ども1人にだけ自閉症が見られ、その親や兄弟といった家族には見られないため、自閉症の子とその親のゲノムを比較対照することができます。遺伝子の塩基配列を解析した結果、自閉症でない親と自閉症の子とのあいだで多くの遺伝子が異なることがわかり、これもまた自閉症の原因が遺伝子であることを強く示唆しています。突然変異は脳や神経の発達に関係する遺伝子に集中しています。そうした突然変異の多くが神経系の構造の発達異常、つまり脳の回路形成に異常をもたらすようです。

今となっては、自閉症の子を持つ親の行動は病気の原因ではないことが知られています。それはむしろ結果です。つまり、ほとんど何の感情も見せない子どもに対して親が見せた反応だということです。要するに、冷蔵庫マザーなんていないのです。冷たくなってしまったのは、適切なシグナル伝達分子が欠如したために発達しなかった神経回路のほうなのです。

今日《こんにち》、この話から得られる道徳的、医学的教訓は、よりいっそう重要な意味を持っています。医学は基本原理を大幅に再編成している最中です。病気のモデルの多くは過去の知識と現在の知識との寄せ集めです。こうしたモデルは、病気を体系的に理解しているかのような幻想を生み出します。しかし、実際には不完全にしか理解できていません。何事も驚くほどうまくいっているように見えるのは、逆方向に動く惑星を見るまでの話です。私たちは、正常な値を説明するための規則をたくさん作り出してきましたが、いまだに生理機能と病気を深く、統一的に理解するには至っていないのです。

これはもっとも身近で、もっとも盛んに研究されてきた病気、すなわち、がん、心臓病、糖尿病についてさえ当てはまります。がんは細胞分裂をコントロールする遺伝子が突然変異したために、抑制の効かない細胞増殖を引き起こす病気です。それなら、見事に狙いを定めたはずの細胞分裂阻害剤でさえ、多くの場合がんの治療に失敗するのはなぜでしょうか？　2型糖尿病の原因が糖代謝組織のインスリン感受性の低下にあるなら、インスリンを追加で投与することで、すべてではないにしても多くの症状を改善できるのはなぜでしょう？　自己免疫疾患が集中して現れる人がいる一方、疾患のうちひとつが見られるだけの人もいるのはなぜでしょう？　パーキンソン病のような一部の神経疾患の場合、がんのリスクが低下するのはなぜでしょう？　このような規則に沿わない特異な症例は、医学にとっての「火星問題」です。これらは、私たちの理解に本質的な欠陥がある一方で、人体という小宇宙を再構築する新しい方法が隠れていることを示しています。

特異な症例はどれも病気の理解を前進させる機会になります。2009年、ニューヨークの若き医師デイヴィッド・ソリットは若手科学者ゆえの愚行とも言えるような研究プロジェクトを立ち上げました。腫瘍薬学の分野では、新薬の臨床開発は十中八九うまくいかないというのが、以前から広く認められている事実です。この現象は業界内では「死の谷」と言われています。新薬の研究が、臨床開発の初期の段階では問題なく、順調に駒を進めていくように見えるのに、実際の臨床試験になると必ずと言っていいほど行き詰まってしまうのです。予期せぬ毒性のため試験を中止することもあれば、薬が何の効果も示さないか、効果があっても持続しないこともあります。時として、著しい効果が現れる場合もありますが、それは予測できるものではありませんし、きわめてまれなことです。臨床試験に参加する女性のうち、乳がんの転移がほぼ完全に消えるのは1000人に1人いるくらいのもの。残りの999人には効果がありません。黒色腫（皮膚がんの一種）の広がった患者のうち、15年生きられるのも1000人に1人ほどで、残りの患者は臨床試験の7カ月後までには亡くなります。

いま挙げたような「例外的に効き目の現れる患者」（ソリットはそう呼びま

す）にとっての問題は、無視されたり、規則性のないデータとして軽視されたり、診断ミスのせいにされたり、あるいは並外れて運が良かっただけだと言われたりしてきたことです。そのような場合には「1人の患者に見られた1回きりの事例」という烙印——科学者がもっとも言われたくない表現——が押されます（数ある表現の中でも特に「1回きりの事例」が科学者に嫌われているのは、主観的な体験に基づくことを表しているからです）。医学誌はそういった報告の掲載を拒否してきました。学会でそのような症例が発表されれば、普通研究者はあきれた顔をして、その話題に触れないようにするでしょう。臨床試験が終わっても、そのような例外的な患者には「異常値」と記されるだけで、新薬は人知れずゴミ箱行きです。

しかしソリットは、まれに効果が現れるわけを探ろうとしました。こうした「例外的に効き目の現れる患者」には、遺伝子や行動や危険因子や環境など、普通とは異なる要因の組み合わせが何かしらあって、そのために明らかな反応、持続的な反応があったのかもしれない。ソリットはこう考えます。そして、最新の医療機器を使って、そのような患者に見られた反応を可能なかぎり深く、包括的に理解することを目指しました。彼はそれまでとは正反対のパラダイムを打ち出します。薬が効かない原因を究明するのに膨大な労力を費やそうとする仲間たちに背を向けて、なぜ時として薬の効果が現れるのかを探ろうというのです。彼は死の谷の地形をマッピングしようと努めました。死の谷に落ちていった人々からではなく、よじ登って谷から這い出た少数の人々から話を聞くことで。

2012年、ソリットのチームはそのような試みの最初の成果を発表します。進行性膀胱《ぼうこう》がんの患者44人にエベロリムスという新薬を投与したところ、その結果はいずれも残念なものでした。少し小さくなる腫瘍はあったものの、目覚ましい反応を見せた患者はいませんでした。そして、2010年4月半ば、45人目の患者が現れました。73歳の女性で、腫瘍が腹部全体に広がり、腎臓とリンパ節にまで転移していました。すぐに臨床試験を始めると、数週間のうちに腹部の腫瘍が縮小し始め、腎臓に転移していた腫瘍も壊死し、消失したのです。15カ月後に撮影したCTスキャンでは、担当医が目を凝らさなければ腫瘍らしきものがほとんど何も見えないくらいになっていました。

ソリットはまさにこの症例に着目しました。おそらく遺伝子が関係しているだろうと考え、ソリットはその患者の腫瘍標本を医療用フリーザーから取り出し、突然変異した遺伝子を探すため遺伝子すべての塩基配列を解析しました（人間のがんの場合、変異する遺伝子の数は一般的に10〜150です）。その患者のがんには、140の遺伝子変異がありました。その中から、ひとつはTSC1、もうひとつはNF2と呼ばれる遺伝子の変異が目を引きました。どちらの遺伝子もエベロリムスに対する反応を調節するのではないかと思われていましたが、ソリットが研究するまで、その関係を厳密に証明した人はいませんでした。

ただし、これはまだ「1人の患者に見られた1回きりの事例」です。科学者なら相手にしないでしょう。ソリットのチームは最初の臨床検査に戻り、より多くの患者の遺伝子を解析しました。するとすぐにあるパターンが現れました。TSC1遺伝子に変異があった4人の患者は薬の効果がある程度あったのに対して、他の遺伝子に変異があってもTSC1に変異がなければ、わずかな反応すら見られません。TSC1遺伝子の変異というたったひとつの変数によって、一方には大小の差はあれ効果がある患者のグループ、他方にはまったく効果のない患者グループと分けることができるのです。「1人の患者に見られた1回きりの事例は無視されることが多い」とソリットは述べています。しかしここでは、まさにそうした1回きりの事例が、新たな研究の入り口となったのです。今後の臨床試験では、先に遺伝子解析を行ない、TSC1遺伝子に変異がある患者にだけエベロリムスで治療することになるかもしれません。より重要なことは、遺伝子と薬の効果が現れやすいがん細胞との関係が発見されたことで、特定の薬が効くメカニズムの解明に向けた一連の研究が生まれたことです。今後はさらに新しい臨床試験と新薬へと続いていくことでしょう。

しかし、そのような特異な症例が医学を根幹から改革するうえでもっとも重要な情報になる、というのは医学の法則と言ってよいのでしょうか。ルイス・トマスの時代には、そのような法則は成り立ちませんでした。そもそも中核となる規則がないので、「規則から外れる」ものもなかったからです。当時は内科にしても外科にしてもできることの範囲は著しく限定されており、治療効果のばらつきに着目しても無駄でした。心不全の患者がみな死ぬ運命にあるなら、一人ひとりの違いに目を向けることに意味はありません（たとえ長く生きる人がいたとしても、そのような患者を検査する機器もありませんでした）。しかし、まさにこの点が変わったのです。規則に沿わないデータが特に重要となったのは、現在わかっている病気の知識を見直しているからだけでなく、そのようなデータが日々生まれているからです。広範にわたる投薬や外科手術を、治療行為としてではなく調査器具として考えてみましょう。あらゆる薬を人体の生理機能に影響を与える化学上の道具、いわば分子を切るメスだと考えてみるのです。アスピリンは炎症系のスイッチを切る道具、リピトールはコレステロール代謝のねじを締める道具、ということになります。そのような調査器具を使えば使うほど、生理機能を変えやすくなります。生理機能を変えれば変えるほど、治療効果の個人差も見つかりやすくなり、それによって個々の症例の背後に隠れたロジックを発見できるようになるのです。

2015年春のある朝、私はコロンビア大学の医学生を引き連れて、「例外探し回診」と名付けた回診を行なったことがあります。私たちは切開部治癒のうち少し変わったものを探しました。手術で切開した患者は、多くの場合

1週間ほどで切開部が治ります。でも、切開部が治らない少数の患者はどうなるのでしょうか？　私たちは次々と病室を回り、術後に切開部が治癒しない患者を探しました。そういった患者のパターンは、大部分は予測通りでした。高齢の患者で、切開が複雑だったり糖尿病を患っていたりする場合は、治癒しにくいことが知られているのです。そのような症例を9つほど診て、次の病室で出会ったのは、腹部手術を終えて回復に向かってはいるものの、切開部はまだ塞がっていない若い女性でした。学生は戸惑っているようでした。この女性自身にも切開手術にも、完治した他の何百人という患者と何ら変わるところはないように見えるのに。しばらく間を置いてから、学生たちは質問し始めます。ある学生は家族歴を聞きました。ご家族に同じような症状があった方はいらっしゃいますか？　組織を採取して、進行の遅い、珍しい感染症かどうか調べてみてはと考える学生もいました。従来の切開部治癒モデルに生じたほころびが広がり、古くからある問題について新たな考え方が生まれる兆しなのではないかと私は思いました。

私たち医者は、これまでずっと「正常値の問題」とでも言える問題を理解したり分析したりしてきました。「正常値」という言葉で表したいのは一般的な範囲に収まる値のことです。私たちは血圧、身長、体重、代謝率など、生理的なパラメータについての正常値をカタログ化してきました。病気を扱うときでさえ、「正常」という考えを持ち込んでいます。平均的な糖尿病患者、典型的な心不全の症例、化学療法の効き目が標準的ながん患者などです。

しかし、ある人が正常値から外れるのはなぜなのか、それについてはほとんど何もわかっていません。「正常値」からは規則性がわかります。しかし、「異常値」からはより深い法則を掴むためのきっかけが得られます。標準的な公式、たとえば「身長（cm）－100＝平均体重（kg）に10％足したもの」というのは多くの人に当てはまる規則です。しかし、たったひとり遺伝性の小人症の人を見るだけでも、身長と体重の関係を司る遺伝子があること、そしてこの関係を劇的に変えてしまう遺伝子の突然変異があることがわかります。

哲学者のカール・ポパーは、1934年に出版した著書『The Logic of Scientific Discovery』(『科学的発見の論理』大内義一・森博訳、恒星社厚生閣、1971年)の中で、科学と科学でないものを分けるうえで決定的に重要な基準を提案しました。科学体系の基礎は、その体系を構成する命題が証明できることにあるのではなく、そうした命題が「反証可能」なことにある、とポパーは主張します。つまり、あらゆる理論は、それが誤りだと証明される可能性を備えているというわけです。予測や観察によって誤りだと証明されることが担保されている理論や命題のみが「科学的」だと判断されます。そのような「反証可能」な推論ができない場合は、科学的な理論とは見なされません。もし医学を本物の科学にしようとするなら、私たちはことあるごとに医学のモデルの反証に取り組み、古いモデルを新しいものに変えていかなければならないでしょう。

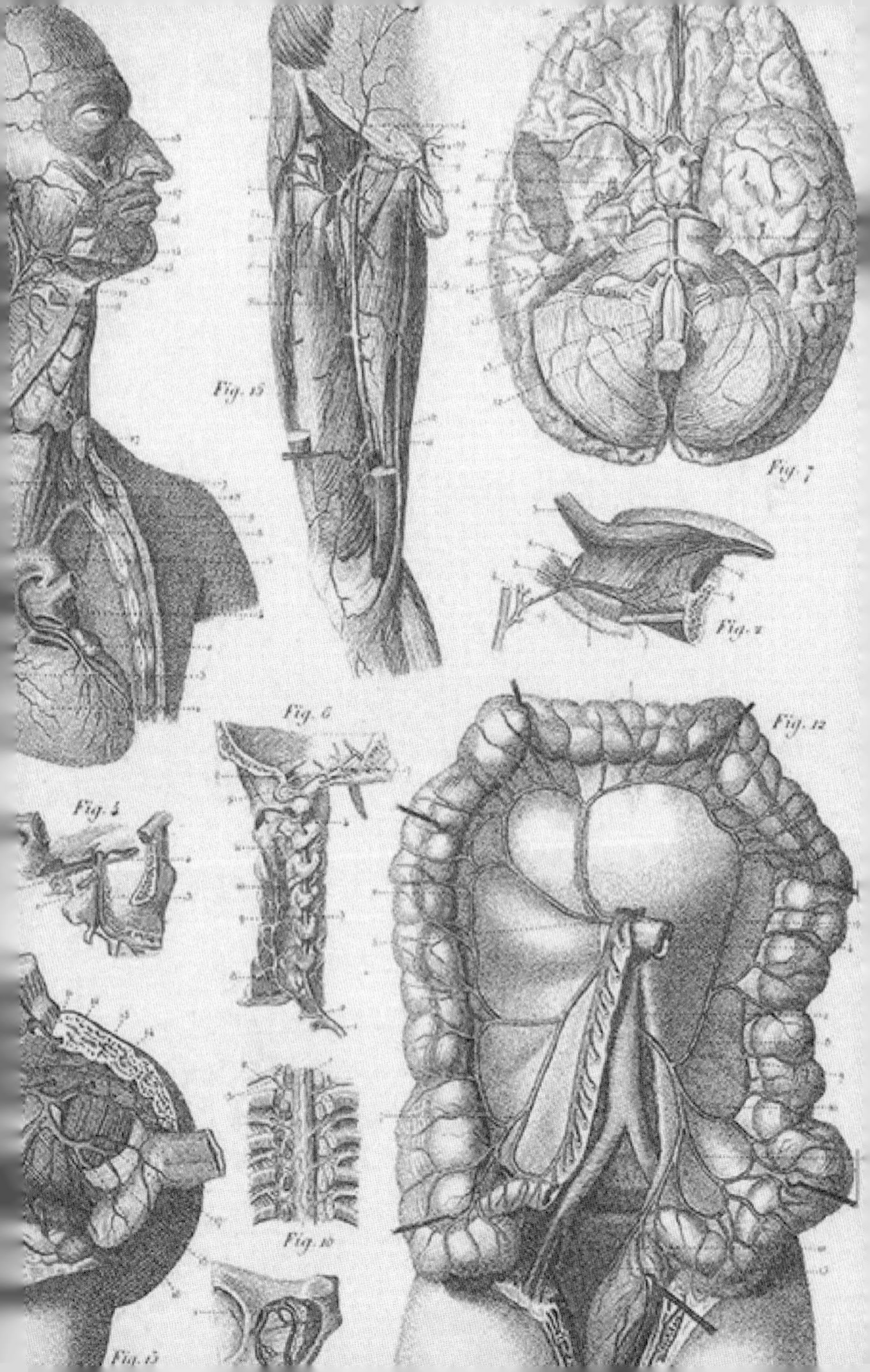
Fig. 15
Fig. 7
Fig. 2
Fig. 6
Fig. 12
Fig. 4
Fig. 10
Fig. 13

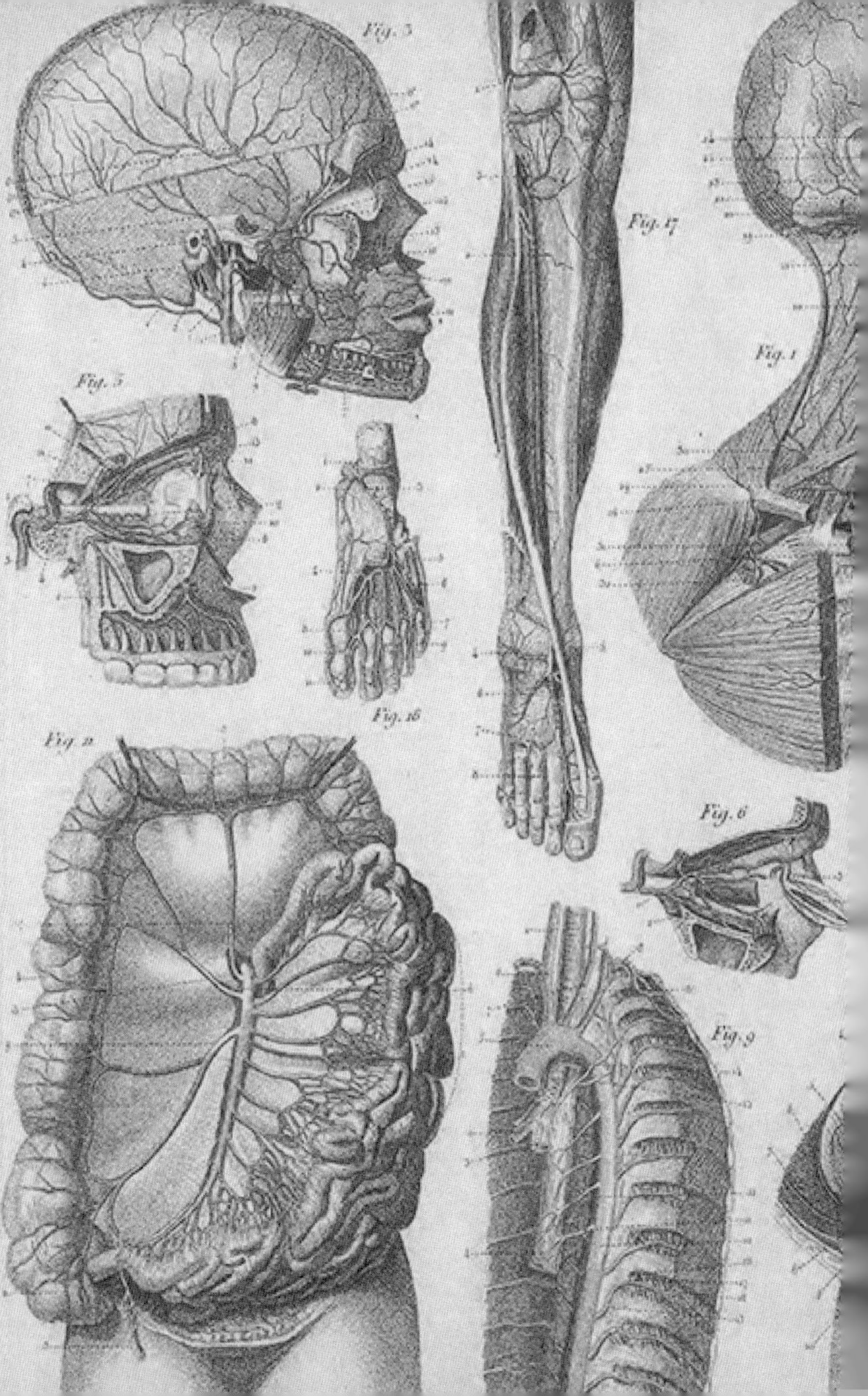
Fig. 3
Fig. 17
Fig. 1
Fig. 5
Fig. 16
Fig. 2
Fig. 6
Fig. 9

法則3

どんなに完全な医療検査にも人間のバイアスはついてまわる

2003年の夏に私は内科の3年におよぶ研修を終え、腫瘍学のフェローシップを始めました（フェローシップとは専門医を育てるための専門研修プログラムのことで、専門研修医をフェローと呼びます）。それは刺激的な時間でした。そのころには、ヒトゲノム計画がゲノムの新しい科学——全ゲノムの解読——の基礎を築いていました。計画に対する批判、たとえば見込み通りの効果が出ていないという文句がたびたびメディアに取り上げられましたが、ヒトゲノム計画はがんの生物学にとっては予期せぬ幸運とでも言うべきものでした。がんは遺伝子の病気です。つまり遺伝子の突然変異が原因の病気です。当時はまだ、ほとんどの科学者は一度に1遺伝子ずつがん細胞を解析していました。しかし、新技術の出現によって、数千もの遺伝子を並行して解析できるようになり、がんの本当の複雑さが明らかになってきました。ヒトゲノムは全部で約2万4000個の遺伝子からなります。あるがんでは120もの遺伝子に突然変異が起こっていましたが（遺伝子200個につきひとつの計算です）、一方でたった2、3の遺伝子だけに変異が見られるがんもあります（こんなにも複雑になるがんもあれば、遺伝子的にもっと単純なものもあるのはなぜでしょうか。このような問いに答えるのはおろか、問いを立てること自体、ヒトゲノム計画をやってみるまでは思いつきもしなかったのです）。

より重要なのは、変異した遺伝子について予想を立てることなく、数千もの遺伝子を並行して解析できる状況が整ったことです。研究者たちはこれまでには見えてこなかった遺伝子とがんとの関連性を発見できるようになりました。新しく発見されたがんの遺伝子変異の一部は、思いもよらないものでした。遺伝子はがんの成長を直接コントロールしているのではなく、栄養素の代謝やDNAの化学修飾（生命活動に関わるタンパク質や核酸などの化学物質の一部を入れ換え、機能を変えること）に影響を及ぼしていたのです。この状況の変化は、空間の一点を見るのと景色全体を見ることとの違いにたとえられてきましたが、実際にはそれ以上の違いがあります。ゲノム解析が出てくる前にがんを見ることは、答えがわかっていない既知の問題を眺めるようなものでした。しかし、ゲノム解析が可能になった現在は、存在さえ知られていなかった未知の問題に出会っているようなものです。

こうした遺伝子の発見が熱い注目を浴びたのは、それががん治療の新しい展望を開くのではないかという期待からでした。がん細胞の生存や増殖が変異遺伝子に依存している（突然変異の「中毒」になっている、と生物学者はよく言います）とすると、こうした依存関係を特定の分子で狙い撃ちにすれば、がん細胞を死に追いやることが可能だろう。細胞の増殖を止めるために毒性の強い薬を使うなんて原始的な方法は時代遅れになるだろう、と思われました。医学界に衝撃を与えたもっとも目覚ましい例は、白血病の一種に効くグリベックという薬です。グリベックで最初に治療した患者（K氏）のことを、私は今でも覚えています。56歳の男性で、骨髄が白血病細胞でいっぱいになり、ほとんど血小板が残っておらず、生検（針で患部の一部を採取する検査）を行なうたびにおびただしい量の血が出ていました。大量の滅菌ガーゼをK氏のところに持って行ったフェローが、出血しないように生検部位を30分も押さえ続ける必要がありました。グリベックで治療し始めてから約4週間後、今度は私が彼の生検を行なう番でした。腕いっぱいに必要なガーゼを抱えて30分の試練を覚悟していましたが、血が出たのは針を抜くときくらいで、傷口の出血は自然と収まりました。皮膚の傷は血の塊で自然と塞がり、私はがん治療の革命が始まったのを目にしたのです。

フェローシップの最初の1週間あたりで、グリベックに似た分子構造を持つ別の薬が他のタイプのがんに対して試作されていて、私たちの病院で臨床試験が行なわれていることを知りました。その薬は、動物モデルの実験とヒトに対しての初期実験で期待できる成果を挙げ、実際の患者を相手にした臨床試験が力強くスタートしたのでした。

私はこのプログラムを終えた前のフェローから、臨床試験の患者を引き継いでいました。患者に予備的な検査をしただけでも、目覚ましい治療効果がありました。腹部に大きな腫瘍があった女性は、数週間でその塊が消失しました。がんの転移の痛みが劇的に軽減した患者もいました。他のフェローも同様に劇的な効果を目にしました。その薬の目覚ましい治療効果で、がん治療の風景がどう変わるか、私たちは感動しながら話していました。

ところが半年後、試験全体の結果は驚くほど期待外れなものになっていました。以前のデータからして私たちは70〜80%の効果があると期待していたのに、それには遠く及ばず、全体として見ればわずか15％の患者にしか効果がなかったのです。なぜこんな食い違いが生じたのか、しばらくはわからなかったのですが、その後数週間のあいだにデータを詳しく分析してみると、その理由が明らかになりました。腫瘍学のフェローシップは3年間です。プログラムから抜けるフェローたちは患者のリストの一部を次のフェローに託し、残りを経験を積んだ常勤医に任せていました。患者が次のフェローに託されるか、常勤医に託されるかは、フェローの個人的な判断で決められ、新しいフェローに任される患者には「教育的価値」があるようにという指示だけが出されていました。

実は、次のフェローのもとへ移されたのはみな薬の効果が現れた患者で、効果の現れなかった患者は常勤医に送られたのです。新しいフェローは薬が効かない患者（治療抵抗性が高くその薬ではどうにもならない患者）に対して、高度な対応はできないだろうと心配して、前任のフェローたちは、薬の効果が現れなかった患者をすべて経験のある常勤医のもとへ移したわけです。フエローたちがこのような割り当てをしたのは、バイアス（思い込みや偏見）があったからというよりは、患者のためを思っただけでしたが、結果的には試験を激しく歪めることになりました。

あらゆる科学は人間のバイアスの影響を受けます。大容量の機械にデータを収集・貯蔵させ、自ら操作するよう学習させても、最後にそのデータを観察し、解釈し、その使い道を決めるのは人間です。医学にとってバイアスは特に重大な意味を持っています。理由のひとつは、「私たちの施す医療が効いてほしい」という願望が私たち人間にはあるからです。願いは美しいものです。医学の中心にあるやさしさがそれを支えています。しかし、願いは同時にもっとも危険なものでもあります。願いと思い込みが組み合わさったいちばんの悲劇として、もっとも長く続いたのは根治的乳房切除です。

現代の外科手術が花開いた1900年代のはじめには、乳房から悪性腫瘍を確実に取り除くため、さまざまな手術が考案されました。患者の多くが腫瘍を「根絶」するための外科手術を受けたものの、術後に体中に転移が広がっていました。このがんの再発が外科医の心に火をつけます。ボルティモアですさまじい業績を上げていた外科医のウィリアム・ハルステッドは、最初の手術で取り残した悪性組織が再発の原因だと主張しました。外科医が取りこぼした腫瘍があちこちにあるから転移が広がるのだと唱え、そのような乳がんの手術を「汚れた手術」と呼んだのです。

ハルステッドの仮説は論理的には一貫していましたが、その内容は間違っていました。乳がんを患った女性の大部分にとって、術後の再発は取りこぼした悪性腫瘍が原因だったわけではありません。手術するよりもずっと前に、がんは転移していたのです。ハルステッドの予想と違い、がん細胞は、もとの腫瘍から順を追って円を描くように進行するわけではありませんでした。

がんが体に広がる経路はもっときまぐれで予測不可能だったのです。しかし、「汚れた手術」という考えに囚《とら》われていたハルステッドは、がんが局所的に広がるという自身の理論を検証するために、乳房だけでなくその周りの組織も一緒に切除しました。腕を動かすための筋肉も、肩も、胸の奥のリンパ節も、術部を「浄化」するために。

ハルステッドはこのような手術を「根治的（ラディカル）」乳房切除と呼びました。「ラディカル（radical）」という語はもともと「根」を意味するラテン語に由来します。積極的に乳房を切除するやり方には、体からがんを根こそぎにしてやろうという意図が込められています。しかし時が経ち、この言葉自体の意味が転移し、非常に不可解なバイアスへと発展していくのでした。ハルステッドの弟子や乳がん患者は、「ラディカル」という言葉を「大胆な、革新的な」という意味に取るようになります。命を落とすかもしれない再発性の病気を前にしたときに、ラディカルでない、控えめな手術を選ぶような外科医や患者がいるでしょうか。十分な検証も反論もなされないまま、理論は法則になりました。うまくいくとわかっている手術について臨床試験をしようとする外科医などいない、という法則です。ハルステッドの主張は保守化していき、外科医にとって教義のようなものになりました。切れば切るほど治療したことになると考えるしかなかったのです。

それでも、がんは再発しました——少数ではなく、かなりの多くの患者に。1940年代にロンドンのジェフリー・ケインズを中心にして、この流れに異を唱える外科医の集団が現れます。彼らは根治的乳房切除の核となるロジックに反論しようとしましたが、あまり効果はありませんでした。ハルステッドが初めて手術をしてからおよそ80年経った1980年、根治的乳房切除と乳房温存手術とを比較する無作為化比較臨床試験——参加者を異なる治療法を施す2つのグループ（治療群と対照群）に無作為（ランダム）に割り当て、治療の有効性を比較する試験——が正式に開始されました（この試験の代表研究者だったバーナード・フィッシャーは「われわれは神を信じる。だがそれ以外はすべて、データが必要だ」と述べています）。臨床試験はなかなか前に進みませんでした。根治手術のロジックと勇敢さに囚われていたアメリカの外科医たちは検証試験に気が進まず、対照群はなかなか集まりませんでした。試験を達成するにはカナダや他の国の助けを借りなければならなかったのです。

調査結果は、根治手術の有効性を明らかに否定するものでした。根治手術を受けた女性は数々の合併症で衰弱しただけでなく、何の効果も得られなかったのです。転移によるがんの再発の可能性については、根治手術の患者も温存手術と局所的な放射線療法を受けた患者も、変わりませんでした。乳がん患者が耐えてきた試練には意味がなかったのです。この結果は腫瘍学に衝撃を与え、再調査が1990年代、さらに2000年にも行なわれました。20年以上経っても、やはり結果は同じでした。根治手術を受けた人の数を正確に把握するのは難しいですが、1900〜1985年のあいだに、およそ10万〜50万人の女性がこの手術を受けました。今日では、根治手術はめったに行なわれません。

いま思えば、根治手術にあったバイアスの元を見つけるのは簡単です。革新的な手術に取りつかれた外科医の権力、意味の変化した言葉、医師の言うことを信用するように強いられた何世代にもわたる患者たち、そして完全さを善として批判を受け付けようとしなかった文化です。しかしバイアスによっては、その原因を特定するのがこれよりもはるかに難しくなります。他分野の科学研究と違って、医学の場合は被験者、つまり患者は治療という名の実験に対して受身でいるわけではなく、自分の意思を持って参加しますが、ここにもバイアスの源が潜んでいます。ハイゼンベルクの不確定性原理では、粒子の位置と運動量を絶対的な正確さでもって同時に測るのは不可能だとされています。もし光の波を送って粒子の位置を測ろうとすると、光に当たった粒子の運動量が変わり、したがってその位置も変わる、といったことが無限に繰り返されるので、位置と運動量を厳密な正確さでもって同時に測ることはできない。これがハイゼンベルクの考えです。医学にも、ハイゼンベルクの不確定性原理に当たるものがあります。患者を試験に参加させたら必然的に患者の精神状態も変えることになり、したがって試験自体も変わってしまうという現象です。被験者を測るための手段が被験者の性質を変えてしまうのです。

患者の心理が介在すると、たとえば患者の記憶に依存する臨床検査の信頼性は特に揺らいできます。1993年、ハーバード大学の研究者エドワード・ジョヴァンヌッチは、脂肪の多い食事が乳がんリスクに影響を与えるのか調査しました。彼は、乳がんにかかった集団と、同年代の乳がんにかかっていない集団を用意し、過去10年間の食生活についてそれぞれのグループに尋ねました。両者を比較した結果、顕著な傾向が現れます。乳がんの女性のほうが、脂肪の多い食事を食べていると答えた割合がはるかに高かったのです。

ただ、実はこの研究には「どんでん返し」があります。ジョヴァンヌッチが調査した女性たちは、その10年近く前にも食生活の調査に参加していて、そのデータはコンピュータにしっかりと保存されていました。この新旧2つの調査を比較してみると、乳がんでない女性は、10年前の調査で申告した実際の食事と10年後に当時を振り返って申告した食事がおおむね一致しました。ところが乳がんの女性は、実際のデータでは脂肪を摂りすぎているということはないのに、「振り返った」ときには高脂肪の食事をしていたと申告したのです。彼女たちは無意識のうちに記憶の中からがんの原因を探した結果、自分の食生活が悪かったんだと思い込んでしまったわけです。自己批判ほど強力な批判もないですから、無理もありません。

しかし、参加者の追跡調査を行なって（前向き研究）、参加者を治療群と対照群とに無作為に分けて（無作為化臨床試験）、医師にも患者にも誰に薬が投与されたかわからないようにして（二重盲検法）臨床試験を行なっても、こうしたバイアスは完全にはなくならないのでしょうか。このような研究方法が存在するということ自体、医学がバイアスの影響を真剣に受け止め、バイアスを防ぐ方策を真面目に考えていることを示すものです（バイアスを取り除くのにここまで徹底的に対策するなんて、他の科学分野ではほとんど見られないことです）。こういった研究の重要性はどれだけ強調しても強調しすぎるということはありません。大きな効果があると思われていた治療法でも、1回きりの極端な事例をもとにしたり、何十年にもわたって試験参加者の構成が偏っていたりしたため、あとになって無作為化比較臨床試験をしてみたらむしろ患者にとって有害であることがわかった、というものが過去にいくつもあります。新生児に対する高流量酸素療法、心臓発作のあとの抗不整脈薬、女性のホルモン補充療法などです。

しかし、どんなに注意深く研究を行なったとしても、バイアスをすべて取り除くことはできません。ここでもまた、ハイゼンベルクの不確定性原理の医学版――臨床試験に参加したこと自体によって必然的に患者は影響を受ける――が作用します。たとえば、糖尿病治療の一環として運動の効果を測る試験に参加するというのは、患者が自らの意思で主体的に決めることです。その場合、その患者は特定の医療プロセスに参加し、特定の指示に従い、医療制度が利用可能な特定の地域に住んでいることになります。つまりその患者は、特定の人種や民族、社会・経済階級に属しているわけです。無作為化研究によって、ある薬の効果について何らかの結論が出たとしても、実際にはそれは無作為に選ばれた人が属するグループの範囲内で効果を検証しただけです。実験の有効性は範囲を厳密に設定したかどうかに大きく依存します。そして、まさにこのことが実験を限定的にするのです。実験自体が何のミスもなく行なわれたとしても、その結果を一般化できることが保証されるわけではないのです。

医学において信頼され推奨されてきた無作為化比較臨床試験自体もバイアスの元になります。ＢＣＧワクチンは結核を予防する効果が高いことが、無作為化臨床試験で示されています。ところがワクチンの効き目は、緯度を北から南へと下りるにつれて、低くなっていく傾向にあるようです。ちなみに、低緯度地域はもっとも結核が多く見られる地域です（こうした効果の違いが何に由来するのかはまだわかっていません。地域による遺伝子の違いがもっともありそうな原因として挙げられますが）。このように過去の成功例に頼ることで生じるバイアスは、医学にとって些細な問題ではありません。私はほとんど毎日、ある薬がある患者に、たとえばアフリカ系アメリカ人に効くのかどうかといった判断を求められますが、その薬の臨床試験は主にカンザスの白人男性の集団を対象に行なわれていたりするわけです。また、無作為化臨床試験に参加する女性の数が不当に少ないことも、よく知られています。動物実験でも、メスのネズミが用いられることは少ないのです。こうした試験から結論を導き出す作業は、権威ある医学誌に載った論文の結論をさっと読むのとはわけが違います。その作業には人間の認識や判断や解釈が含まれ、必然的に人間のバイアスが含まれるのです。

新しい医療技術が現れても、バイアスがなくなるわけではありません。むしろバイアスは増えるでしょう。研究を理解するのにいっそう人間の判断や解釈が求められるようになり、バイアスの入り込む余地がさらに増えるからです。ビッグデータもバイアスの問題を解決しません。単にもっと些細な（あるいは、より深刻な）バイアスの源が増えるだけです。

この問題に取り組むもっともシンプルな方法はおそらく、バイアスに正面から立ち向かい、医学の定義の中にバイアスを取り込むことでしょう。ロマンを抱いて眺めると――これは特に19世紀に流行った見方ですが――医者が「病気を退治する狩人」に見えます（1926年に出版されたポール・ド・クライフの本『微生物の狩人』は、当時の人々の想像力をかき立てました）。最近はといえば、病気を退治する医者はほとんどいません。私の知るトップレベルの臨床医はみな、バイアスに対して第六感が働くようです。さまざまな事前知識が患者に適用できる場合、そしてより重要なことに、そうした知識が適用できない場合がほとんど本能的に理解できるのです。彼らはデータや臨床試験や無作為化研究の重要性を理解する一方で、安易な一般化という誘惑に抵抗できるだけの賢さも備えています。医者が本当に退治しなければならないのは、バイアスなのです。

事前知識、特異な症例、バイアス。この3つの医学の法則がどれも人間の知識の限界や制約に関わっていることは示唆的です。ルイス・トマスはこの種の不確実性や制約がやっかいなことを予測していなかったのでしょう。彼が描いていた医学の未来はまったく違っていたはずです。『The Youngest Science』

で彼は、「科学の発展に伴う医療の機械化はもう後戻りすることができない」と楽観的に述べています。トマスが予測しているのは、何でもわかる高精度の機器が人間の身体機能すべてを計測し画像にできる時代、不確かなことや知識の穴がほとんどないような時代です。「新しい医学は役に立つ」と述べたあと、彼はこう続けます。「医者たちが果たそうとしてきた任務は、ときおり絶望感に襲われながらも働きに働いた50年前と同じだが、今では、手早くしかも正確に行なわなければならないハイテクの処置がたくさんある。〔…〕患者は入院してしばらくのあいだ、自分が巨大な機械装置の部品になったような気分になる。コンピュータの操作に従って、場合によっては医者の名前も知らないうちに、入院したり退院したりさせられる。〔…〕多くの患者が早く良くなって無事に退院できるようになった〔…〕いま私が学生かインターンで、これから医者になろうとしているときだったなら、何よりもこの点において自分の将来を案じるだろう。病人を世話するという本来の仕事がじきに奪われ、まったく別の、ただ機械の面倒を見るだけの仕事をさせられるのではないかと懸念するだろう」

実際には、トマスの予測とはまったく違う未来を迎えました。検査の正確さや機器の精密さが向上したにもかかわらず、今日の医者は、かつての医者よりもいっそう深く、慎重に、事前知識や特異な症例やバイアスにコミットすることが求められます。これはパラドックスではありません。検査も治療法も進化したかもしれませんが、医学自体だって進化したのです。ルイス・キャロルの『鏡の国のアリス』の中で、赤の女王は困惑しているアリスに次のように言います。その場にとどまるために走り続けないといけない。なぜなら、世界は反対側に進んでいるから──。医療の技術が洗練されていったにもかかわらず、不確かさは医学に特有の問題として残り続けました。医学が取り組むプロジェクトはいっそう複雑になり、野心に満ちているからです。トマスは機械が病人を診る未来を想像しました。今はトマスの時代よりも良い装置がありますが、それを使って病人を診るのは私たちなのです。

フィラデルフィアに、治療抵抗性で再発性の白血病にかかり、命の危険が迫る6歳の女の子がいて、少し前に治療が行なわれました。その子の免疫細胞を採取し、遺伝子操作してそこに白血病細胞を殺すウイルスを入れ、再び女の子の体に戻します（「生きた」化学療法とでも言えるでしょう）。この細胞は見事なまでの正確さでがんを見つけては殺し、彼女の症状は一時的に落ち着きました。エモリー大学の治療では、神経外科医が重いうつ病を患う女性の脳の帯状回《たいじょうかい》に小さな電気刺激装置を移植しました。この「脳のペースメーカー」のスイッチを入れて数秒すると、女性はこう言いました。抗うつ剤をどんなに飲んでもなくならなかった絶望の霧が晴れわたりました、と。

フィラデルフィアの実験は、新薬が直面する複雑さと不確かさの性質をよく表しています。再発性の白血病を患っていた女の子は、がんに効くT細胞を注入して数時間後、これ以上ないくらいのひどい炎症反応に見舞われます。

彼女の生理機能が、普段とは違う自分が自身を攻撃している、つまり免疫系が自分の体を攻撃していると感じて（実際、彼女のT細胞ががん細胞を攻撃していきます）、急に高熱が出たのです。血圧は急激に下がり、腎臓は衰弱していきました。血管では凝固と出血が同時に始まり、彼女は昏睡状態に陥りました。彼女の状態を診るために次々と検査が行なわれましたが、返ってくるのはどれも異常な値でした。どれが例外的な値で、どれが炎症反応の真の原因を示す値なのでしょうか？　血球数の値から、彼女が回復に向かい始めている様子がうかがえます。しかし、急性炎症反応が出ている場合に血球数を回復の指標に使うという判断そのものに、バイアスがあるとしたら？

検査結果はどれも大文字や太字や赤字で異常値であることが示されていましたが、その中でもとりわけ高い数値が医師の目を引きました。なぜでしょうか？　実は、インターロイキン－6（IL－6）と呼ばれるタンパク質が炎症反応の主な原因であることが、事前知識のひとつとしてあったからです。

しかもたまたま、それを抑える薬が手元にありました。まったくの偶然ですが、この臨床試験のプロジェクトリーダーにたまたま娘がいて、その子がたまたま若年性関節炎にかかっており、たまたまインターロイキン－6を抑える薬で治療を受けていたのです。はじめにT細胞を体内に戻してから2日後、医師と看護師は何か免疫攻撃やその結果起こる臓器不全に効く薬はないかと、自分たちにできることを確認していました。「彼女は誰も経験したことがないくらいのひどい状態だったよ」とある医師は振り返ります。彼女のバイタルサイン（生きていることを示す徴候）は危険な状態で不安定に変化していましたが、土壇場でなんとか抗関節炎薬を投与することができました。医師たちが不安なまなざしで見守るなか、熱は下がっていきました。腎臓も、肺も、血液も心臓も元の状態に戻り、翌朝には彼女は昏睡から覚めていました。1年後、彼女に症状は見られず、骨髄にがんの兆候はありませんでした。

話はこれで終わりでしょうか？　そんなことはありません。この状態を維持する「地固め」を行なうために、定説にしたがってこの女の子に化学療法を行なうべきでしょうか？　むしろ化学療法を追加すれば、彼女の病気を抑えている免疫系の細胞をかえって殺してしまうでしょうか？　前例がないのでわかりません。彼女の反応は一般的でしょうか、それとも特異な例でしょうか？　彼女の反応を説明するようなモデルを作り、手に入るデータすべてをそのモデルで計算してみるまではわからないでしょう。再発性で不応性の白血病にとって比較可能な治療法が他にないなかで、今回の方法を客観的に判断するにはどうすればよいのでしょうか？　このような症例に対して臨床試験の集団を無作為に分けることは可能でしょうか？

この実験と同様に、医学の最前線で行なわれてきた数えきれないほどの研究が示しているのは、人間の意思決定、特に不確かさ、不正確さ、情報の不完全さに直面したときの意思決定が、医学の未来にとって決定的な役割を担い続けるということです。近道はありません。「(政治) 革命がツイッターによって成し遂げられることはない」と作家のマルコム・グラッドウェルは述べています。それになぞらえて言えば、医学の革命がアルゴリズム（プログラムによる自動算出）によって成し遂げられることはないでしょう。

最後にもうひとつ。医学の法則は3つだけと考える理由はありません。私自身にも、個人的な法則がいくつかあります。その法則は、研修医とフェローの期間を通してずっとそばにありました。この法則のおかげで、致命的な判断ミスを避けることができましたし、これまでに直面した中でもっとも困難な症例に対応することもできました。毎年私が教育回診をするときには、自分自身の法則を研修医に説明することから始めます。病院や診療所で新しい患者を診るときには、いつもその法則を思い起こします。

他に法則があるにしても、その核心には情報の性質や不確かさが存在しているのではないかと思います。フランスの思想家ヴォルテールはこう述べています。「医者というものは、自分でもあまりわかっていない薬を、さらにわからない病気を治すために、人間という何ひとつわかっていない相手に処方するものである」。この辛辣な一文の中でとりわけ重要なのは、「わかっている（know）」という語です。医学という分野では、不確かな状況のもとで知識を用います。医学からできるかぎりのものを取り払っても――消毒用のアルコールや漂白剤の匂い、可動式の電動ベッドや病棟案内の標識、病院入口の磨き上げられた御影石、病院用パジャマで過ごすことで傷つく患者の身体の尊厳や患者を治療したい医者も――なお残るのが情報知と臨床知の融合という課題です。「もっとも未熟な科学」は、もっとも人間的な科学でもあります。それは、私たちが行なう営みの中でもっとも美しく、もっともはかないものなのかもしれません。

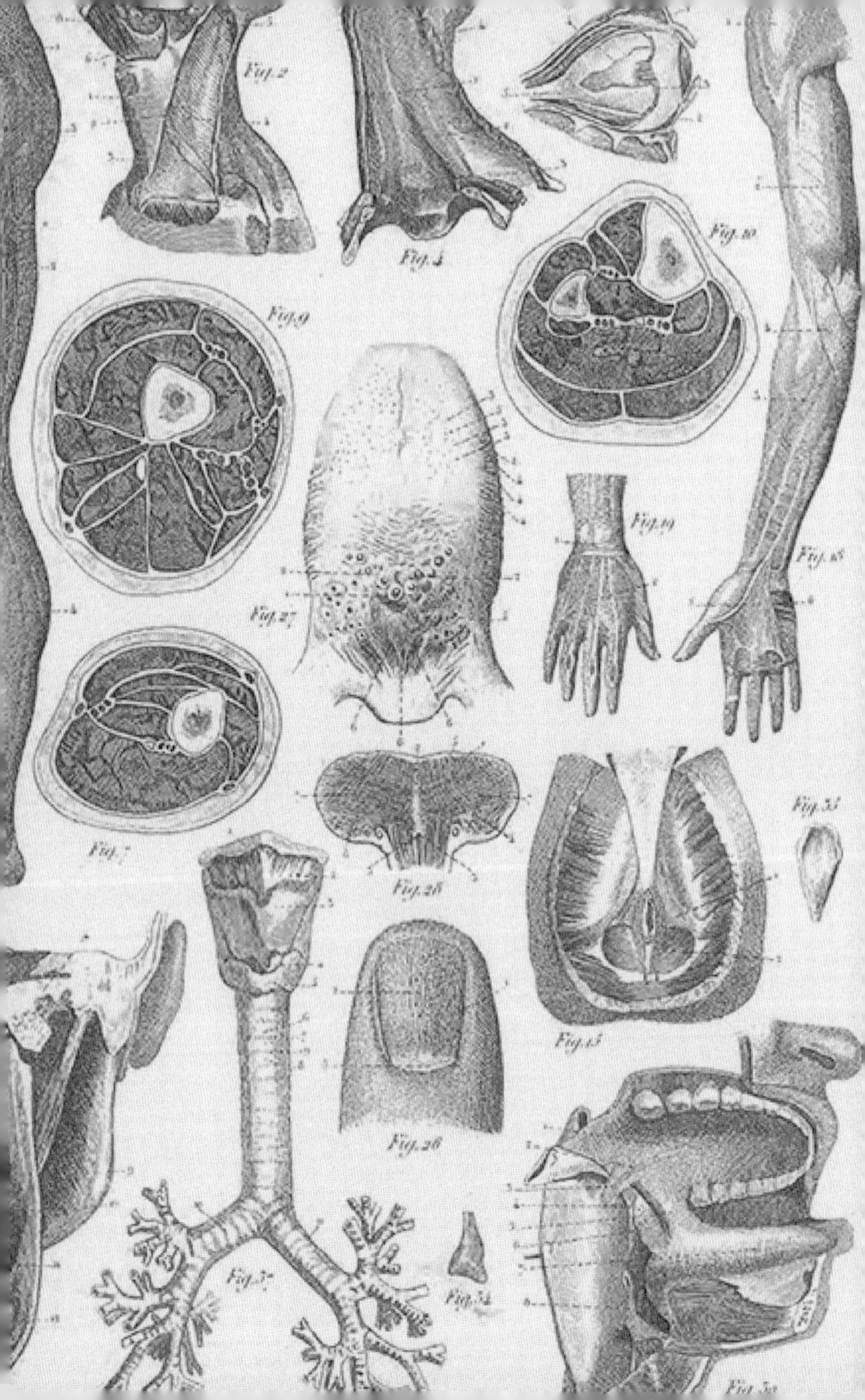
Fig. 2
Fig. 4
Fig. 10
Fig. 9
Fig. 27
Fig. 19
Fig. 18
Fig. 7

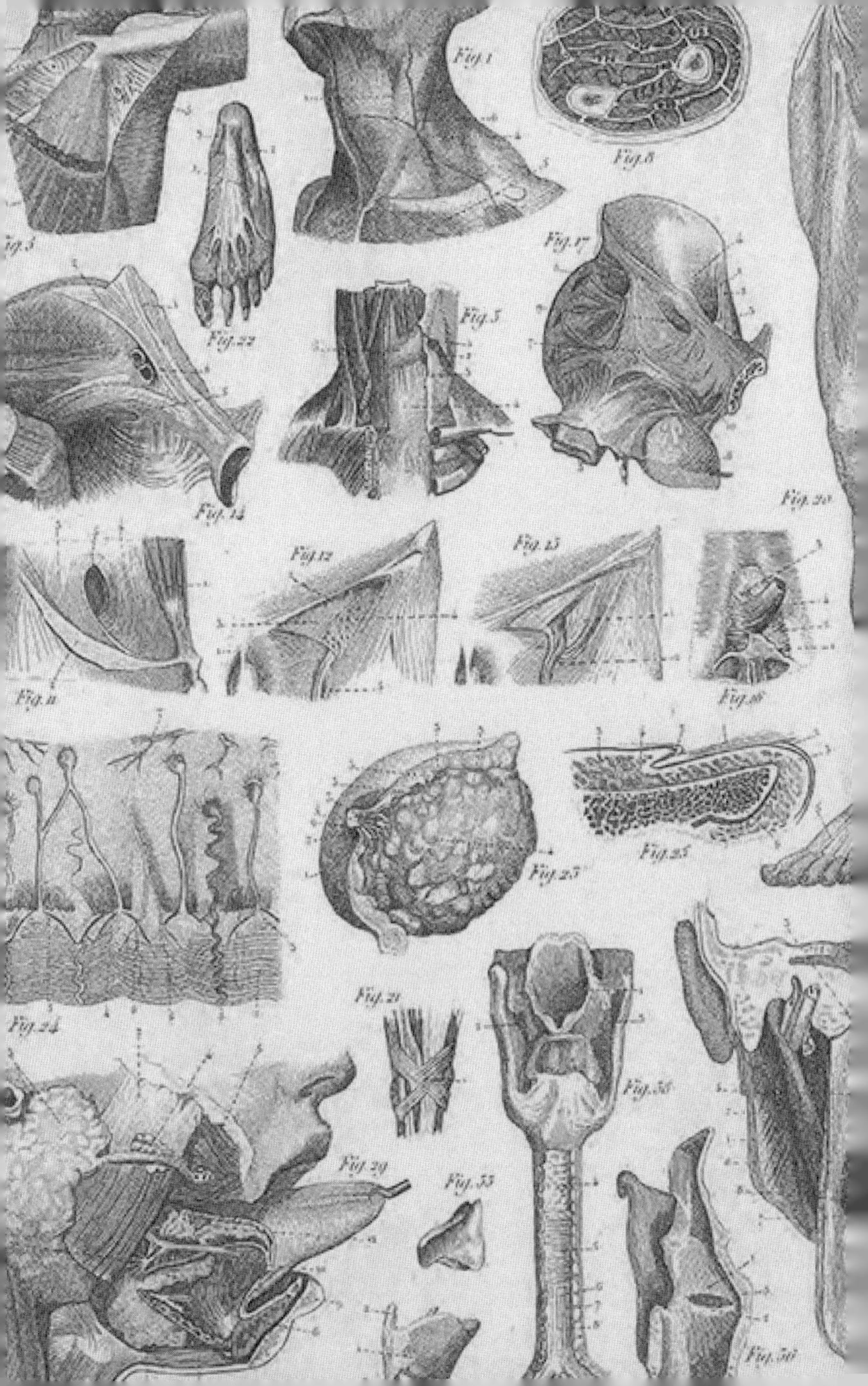

Fig. 1
Fig. 8
Fig. 3
Fig. 22
Fig. 5
Fig. 17
Fig. 14
Fig. 20
Fig. 11
Fig. 12
Fig. 13
Fig. 16
Fig. 23
Fig. 25
Fig. 24
Fig. 21
Fig. 29
Fig. 33

謝辞

丁寧に編集を進め、大変なはずの作業を平然とこなして本書を完成に導いてくれたミシェル・クイントに感謝します。ジューン・コーエンとクリス・アンダーソンのおかげで、形のないもやもやとした「法則」という概念を、一冊の本の形にすることができました。サラ・ジー、ネル・ブライヤー、スジョーイ・バッタチャリヤ、スマン・シロカル、ジェラルド・フィッシュバッハ、アショク・ライは意見や感想を寄せてくれました。ビル・ヘルマンと議論することで、不確かさと科学技術の未来が持つ、きわめて重要な面を理解できるようになりました。彼らにも謝意を表します。

著者紹介

シッダールタ・ムカジー(Siddhartha Mukherjee)はがんを専門とする内科医、研究者。著書は本書のほかに『病の皇帝「がん」に挑む——人類4000年の苦闘』(田中文訳、早川書房)がある。同書は2011年にピュリツァー賞一般ノンフィクション部門を受賞。コロンビア大学助教授(医学)で、同メディカルセンターにがん内科医として勤務している。ローズ奨学金を得て、スタンフォード大学、オックスフォード大学、ハーバード・メディカルスクールを卒業。『ネイチャー』『Cell』『The New England Journal of Medicine』『ニューヨーク・タイムズ』などに論文や記事を発表している。2015年にはケン・バーンズと協力して、がんのこれまでの歴史と将来の見通しをテーマに、アメリカPBSで全3回6時間にわたるドキュメンタリーを制作した。ムカジーの研究はがんと幹細胞に関するもので、彼の研究室は幹細胞研究の新局面を開く発見(骨や軟骨を形成する幹細胞の分離など)で知られている。ニューヨークで妻と2人の娘とともに暮らしている。

著者のTEDトーク

PHOTO: BRET HARTMAN / TED

本書『不確かな医学』への導入となっているシッダールタ・ムカジーの講演(17分間)は、TEDのウェブサイト「TED.com」にて無料で見ることができます。

www.TED.com
(日本語字幕あり)

本書に関連するTEDトーク

ステファン・ラーソン「医師たちが互いに学び合うものは」

病院が違えば、治療法も治療結果も違ってきます。それを知らないのは患者だけ。それで医者を選ぶのは危険な賭けです。ステファン・ラーソンが注目するのは、たとえば、医師たちが自分の人工股関節手術の結果を評価・共有して、もっとも効果のある治療法を探ろうとしたらどうなるか、ということです。医師たちが互いに学び続けることで、医療はより良く（そしてより安く）なるのではないでしょうか？

エイブラハム・バルギーズ「医師の手が持つ力」

現代の医療は人間的な触れ合いという昔ながらの強力な治療法を失いそうになっています。医師であり作家でもあるエイブラハム・バルギーズは、患者がデータ上の数字のひとつにすぎなくなった現代社会の珍妙さを描き出し、昔ながらの一対一の診察への回帰を呼びかけます。

アトゥール・ガワンデ「医療をどう治すか？」

現代の医療システムは壊れています。医師は素晴らしい（そして高価な）治療を施してはくれますが、いちばん大事な目標を見失っています。人を実際に治すということです。医師であり作家でもあるアトゥール・ガワンデは、一歩引いて新しい医療のあり方を考えてみようとします。一匹狼のカウボーイを減らし、チームワークができるピットクルーを増やすのです。

ブライアン・ゴールドマン「医師も失敗する。そのことを語ってもよいだろうか？」

どんな医師も失敗することがあります。それなのに、医療業界には失敗を恥として認めない風潮があるとブライアン・ゴールドマン医師は言います。そのため医師たちは、失敗について語ることも、そこから学び改善することもできないのです。自身の長い医師歴の中からエピソードを語り、今こそ失敗について語ろうと医師たちに呼びかけます。

煮えたぎる川

アンドレス・ルーソ

シャノン・N・スミス 訳　本体1750円＋税

「ペルーのジャングルの奥深くに、沸騰しながら流れる大きな川がある」。祖父から不思議な話を聞いた少年はその後、地質学者となって伝説の真偽を探求する旅に出る。黄金の都市「パイティティ」は実在するのか？ 科学と神話が衝突し、融合する。すべてが「既知」になりつつある現代に「未知」への好奇心を呼び覚ましてくれる、スリリングな探検と発見の物語。

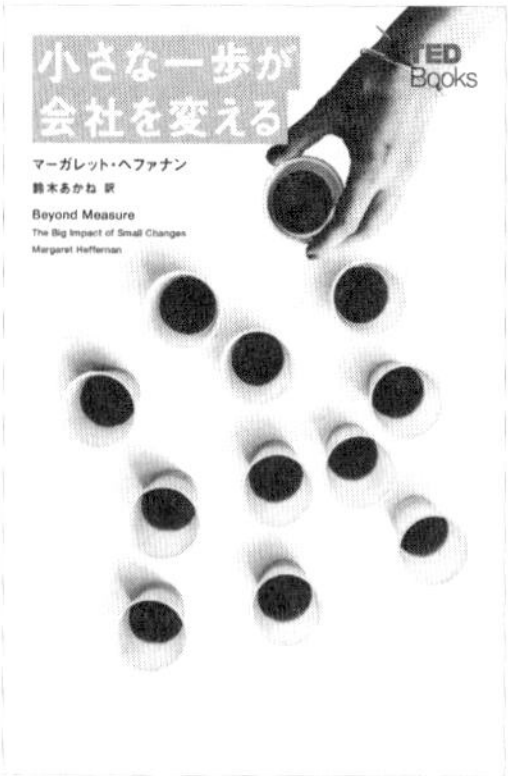

小さな一歩が会社を変える

マーガレット・ヘファナン

鈴木あかね 訳　本体1750円＋税

一人のトップに頼るより、一人ひとりがリーダーになろう。部署を超えて意見を言い合う。コーヒーブレイクを社内で一斉に取る。「静かな時間」で一人の作業に集中する。オフィスを飛び出て人や家族と話す。ほんの小さな変化が劇的な変化をもたらす。世界中の企業を見てきた起業家が成功と失敗の豊富なケーススタディをもとに、風通しの良い組織と個人の関係を探る。

シリーズ案内

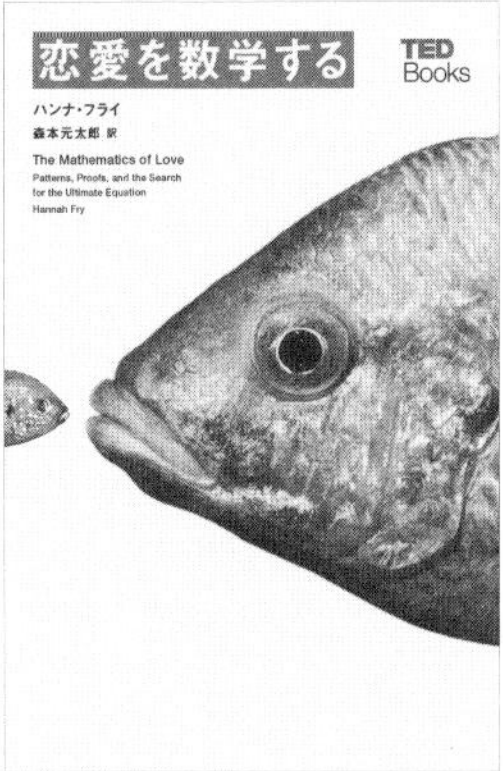

恋愛を数学する

ハンナ・フライ

森本元太郎 訳　本体1300円+税

あらゆる自然現象と同じく、人間の恋愛もパターンに満ち溢れている。ならば、数学の出番。恋人の見つけ方から、オンラインデートの戦略、結婚の決めどき、離婚を避ける技術まで、人類史上もっともミステリアスな対象＝LOVEに、統計学やゲーム理論といった数理モデルを武器にして挑む。アウトリーチ活動に励む数学者が、「数学と恋愛する」楽しさをも伝える。

知らない人に出会う

キオ・スターク

向井和美 訳　本体1500円+税

「壁」の向こう側に、世界は広がっている。勇気を出して、知らない人に話しかけてみよう。ちょっとした会話でも、驚きと喜びとつながりの感覚を呼び起こしてくれる。その体験は、日々の暮らしに風穴を開け、この「壁の時代」に政治的な変化をも生み出す。「接触仮説」は正しいか。「儀礼的無関心」をどう破るか。他者との出会いを研究する著者が、異質なものとの関わっていく「街中の知恵」を説く。

TEDブックスについて

TEDブックスは、大きなアイデアについての小さな本です。一気に読める短さでありながら、ひとつのテーマを深く掘り下げるには充分な長さです。本シリーズが扱う分野は幅広く、建築からビジネス、宇宙旅行、そして恋愛にいたるまで、あらゆる領域を網羅しています。好奇心と学究心のある人にはぴったりのシリーズです。

TEDブックスの各巻は関連するTEDトークとセットになっていて、トークはTEDのウェブサイト「TED.com」にて視聴できます。トークの終点が本の起点になっています。わずか18分のスピーチでも種を植えたり想像力に火をつけたりすることはできますが、ほとんどのトークは、もっと深く潜り、もっと詳しく知り、もっと長いストーリーを語りたいと思わせるようになっています。こうした欲求を満たすのが、TEDブックスなのです。

TEDについて

TEDはアイデアを広めることに全力を尽くすNPOです。力強く短いトーク(最長でも18分)を中心に、書籍やアニメ、ラジオ番組、イベントなどを通じて活動しています。TEDは1984年に、Technology(技術)、Entertainment(娯楽)、Design(デザイン)といった各分野が融合するカンファレンスとして発足し、現在は100以上の言語で、科学からビジネス、国際問題まで、ほとんどすべてのテーマを扱っています。

TEDは地球規模のコミュニティです。あらゆる専門分野や文化から、世界をより深く理解したいと願う人々を歓迎します。アイデアには人の姿勢や人生、そして究極的には未来をも変える力がある。わたしたちは情熱をもってそう信じています。TED.comでは、想像力を刺激する世界中の思想家たちの知見に自由にアクセスできる情報交換の場と、好奇心を持った人々がアイデアに触れ、互いに交流する共同体を築こうとしています。1年に1度開催されるメインのカンファレンスでは、あらゆる分野からオピニオンリーダーが集まりアイデアを交換します。TEDxプログラムを通じて、世界中のコミュニティが1年中いつでも地域ごとのイベントを自主的に企画運営・開催することが可能です。さらに、オープン・トランスレーション・プロジェクトによって、こうしたアイデアが国境を越えてゆく環境を確保しています。

実際、TEDラジオ・アワーから、TEDプライズの授与を通じて支援するプロジェクト、TEDxのイベント群、TED-Edのレッスンにいたるまで、わたしたちの活動はすべてひとつの目的意識、つまり、「素晴らしいアイデアを広めるための最善の方法とは?」という問いを原動力にしています。

TEDは非営利・無党派の財団が所有する団体です。

訳者紹介

野中大輔（のなか・だいすけ）は1985年生まれ。慶應義塾大学卒業、同大学大学院修士課程修了。現在は東京大学大学院人文社会系研究科博士課程に在籍しながら、杏林大学（医学部・外国語学部）非常勤講師、国立国語研究所非常勤研究員、河合塾K会講師として働く。専攻は言語学、英語学。『明解言語学辞典』（三省堂）、『広辞苑 第七版』（岩波書店）の項目執筆に携わる。

TEDブックス
不確かな医学

2018年1月10日　初版第1刷発行

著者：シッダールタ・ムカジー
訳者：野中大輔

ブックデザイン：大西隆介+椙元勇季（direction Q）
DTP制作：濱井信作（compose）
編集：綾女欣伸（朝日出版社第五編集部）
編集協力：米澤恵子、末松和真、西村義樹、Ash Spreadbury
平野麻美+石塚政行+大前水緒（朝日出版社第五編集部）
挿画：*Iconographic Encyclopedia of Science, Literature and Art*（1851）より

発行者：原 雅久
発行所：株式会社 朝日出版社
〒101-0065 東京都千代田区西神田3-3-5
tel. 03-3263-3321　fax. 03-5226-9599
http://www.asahipress.com/

印刷・製本：図書印刷株式会社

ISBN 978-4-255-01036-6 C0095